高情商聊天术

如何升级你的沟通力

易德生 ——

编著

四川美术出版社

图书在版编目（CIP）数据

高情商聊天术：如何升级你的沟通力／易德生编著. —成都：四川美术出版社，2019.8（2022.12 重印）
ISBN 978 - 7 - 5410 - 8693 - 9

Ⅰ. ①高… Ⅱ. ①易… Ⅲ. ①语言艺术 - 通俗读物
Ⅳ. ①H019 - 49

中国版本图书馆 CIP 数据核字（2019）第 146695 号

高情商聊天术：如何升级你的沟通力
GAO QINGSHANG LIAOTIAN SHU：RUHE SHENGJI NIDE GOUTONG LI

易德生　编著

策 划 人　杨建峰
责任编辑　秦朝霞　田倩宇
责任校对　周　昀　袁一帆
出版发行　四川美术出版社
　　　　　成都市锦江区金石路 239 号
成品尺寸　208mm×143mm
印　　张　5
字　　数　118 千字
印　　刷　三河市众誉天成印务有限公司
版　　次　2019 年 8 月第 1 版
印　　次　2022 年 12 月第 3 次印刷
书　　号　ISBN 978 - 7 - 5410 - 8693 - 9
定　　价　36.00 元

在当今社会，懂得如何与人聊天，已经成为一个人综合素质的重要标志，成为个人在社会上生存、发展的必备能力之一。 会聊天，可以使陌生人互生好感，结成友谊；使相熟的人情谊更浓、感情更深；使有意见分歧的人互相理解，消除矛盾；使彼此有怨恨的人化干戈为玉帛，友好相处。

聊天，作为人们最简单、最直接的沟通方式，它的重要性不言而喻。 但不是每一个人都会聊天。 一个会聊天的人，每说一句话都能让人如沐春风、温暖无比。而不会聊天的人，一句话出口，则能让人如鲠在喉、寒透脊背。 这其中的关键原因是，有的人会赞美，会幽默，有同理心，会口吐莲花，说出的话如丝竹琴瑟般悦耳动听，温暖人心。 他们在生活和工作中更容易成功。而有的人不懂这些，不懂说话艺术，在不自觉中就得罪了人，因而在为人处世中也不容易成功。

要学会在日常的聊天过程中与人建立起良好的人际关系，助力自己的事业、生活，就要学会高情商的聊天艺术。高情商的聊天艺术，能全面提升自己的综合沟通能力，让自己成为聊天高手，在人际交往中无往不胜。

鉴于此，本书编委会编著了这本《高情商聊天术：如何升级你的沟通力》。通过大量经典的实例和形象的插图，从如何把话说得让人舒服，如何说得恰到好处，如何使用赞美、幽默语言，如何站在对方的心理上换位思考，如何摆脱聊天尴尬局面等多个角度，全方位阐释了提升聊天技能的各种方法和技巧，简单易学，通俗易懂。读者通过学习训练，可以全面提升沟通能力，在人际交往中，不惧聊天，在任何场合都能进退维谷，游刃有余，成为聊天高手。

期待本书成为你打开人际关系，步入成功之路的金钥匙。

2019 年 5 月

01

所谓会聊天，就是说话让人舒服

02

与朋友聊天，用真心换真情

03

聊天方法需讲究，把话说得恰到好处

04

说好赞美话，让别人更加欢迎你

05

学会换位思考，你说的话人人都爱听

06

聊天懂幽默，交流的氛围更和谐

07

聊天避免尴尬，生活处处皆是话题

08

升级沟通力，不要踏入聊天误区

所谓会聊天，
就是说话让人舒服

真诚
才能赢得好感

在当今社会，懂得如何与人聊天，已经成为一个人综合素质的重要标志，成为一个人在社会上生存、发展的必备能力。

1. 多提善意的建议

当一个人关心你时，如果够真诚，并且对方还提了一些善意的建议，你当然会欣然接受，并对这个人产生好感。那么，如果你也能如此对待别人，别人也会同样对你产生好感。

满足他人自尊心最佳的方法就是提出善意的建议。如果只是对女性说"你的发型很美"，那只不过是句单纯的赞美话；若是说"稍微剪短，看起来会更可爱"，你的关心对方一定能体会到。若是能不断地表示出此种关心，对方对你则会更加亲切信任。

2. 偶尔暴露自己一两个小缺点

暴露自己的缺点并不是毫不保留地坦白所有缺点，如此做，反而使人认为你毫无可取之处，因而丧失对你的信任。

◆所谓会聊天，就是说话让人舒服◆

说出的话要妙语生花

恰当的语言会让人心花怒放。

谢谢！她就是我的女神！

恭喜杨总！你女友真是有沉鱼落雁之美啊！

称赞要发自内心

来自心底的声音才能余音绕梁。

您的气质越来越优雅迷人了！

说话暖心，才能让人爱听

安排下属工作要动之以情，晓之以理。

明天欧洲的客户要来，辛苦你们，接待工作要万无一失。

因此只要暴露一两点即可，可使他人把这一两个缺点和其他部分联系在一起，因而产生其他部分毫无缺点的感觉。

3. 记住对方所说的话

招待他人或是主动邀约他人见面，对对方应有一个初步的了解，这是一种礼貌。换句话说，对对方表示自己的关心，必然能赢得对方的好感。

记住对方说过的话之后再提出来，是表示关心的做法之一，也是说话的策略之一。尤其是兴趣、嗜好、梦想等，对对方来说，这是很特别的事，一旦提出来作为话题，对方一定会觉得很愉快。在面试时，不妨引用主考官说过的话，一定会让人眼前一亮，使其对你留下深刻的印象。

4. 注意对方微小的变化

生活中，一般做丈夫的都不擅长对妻子表现自己的关心。比方说，刚换了发型的妻子，丈夫明明觉得她"看起来年轻多了"，却不做任何表示，使得妻子觉得丈夫不关心自己。

不论是谁，都渴求得到他人的关心；对关心自己的人，一般都会有好感。因而，若想获得对方的好感，首先要表示自己对他的关心。只要一发现对方的服装或使用的物品有微小的改变，不要不好意思开口，立即告诉对方。例如：同事打了条新领带时，你对他说，"新领带吧？在哪儿买的？"绝没有人会因此觉得不高兴。

另外，愈是细微的关心，愈是不轻易能发现的变化，会愈使对方高兴。这样不仅使对方感受到你的细心，也感受到你的关怀。 转瞬间，你们的关系就会更近一步。

5.呼叫对方的名字

欧美人在说话时，常带上对方的名字，如："来杯咖啡好吗？ 莱克先生。""关于这一点，你的想法如何？ 莱克先生"。 这样做，增添了许多亲切感，宛如彼此早已相交多年。 其中一个原因是他感受到对方已经认可自己了。

在我们的社会里直呼长辈姓名，是种不礼貌的行为。 但是，平辈之间借着频频呼叫对方的名字，来增进彼此的亲密感，则是个不错之选。

6.注意细节，投其所好

有位朋友有个奇怪的习惯，总把别人的名片背后写得满满当当。 与其说他是为了整理人际资料或是不忘记对方，倒不如说是为下一次见面做好准备。 把对方的兴趣爱好记录下来，再度见面时，自己就可提供对方关心的信息作为礼物。 即使只有一面之缘，若能记住对方的兴趣，在第二次、第三次见面时，不断地提及相关的知识或是趣事，借此表示自己的关心，结果必然使对方产生很大的好感。

也许有些人认为这些做法会显得急功近利。 事实绝非如此，这些做法的确出于对对方的关心，更何况对对方也是真正有益的。 坚持这样做，获得对方的好感和信任，必然能拉近与对方的心理距离。

虚心
才会受人敬重

古人讲："满招损，谦受益。"

谦虚之所以受到尊崇，因为它不仅是一种美德，也是事业成功的法宝。但是，在现实生活中，谦虚也不是件容易的事，有的人得到领导的表扬、同事的夸奖，内心着实想谦虚一番，却寻找不到适当的表达方法。

那么，在社交场合，不同的时间，不同的环境，不同的氛围，怎样恰当地表达自己的谦虚，才能给人留下一个良好的印象呢？

1. 转移对象

如果别人的表扬或赞美让你有点无所适从，你不妨想办法转移人们的注意力，帮自己巧妙地"脱身"，把表扬或赞美的对象"转移"到别人的身上。

2. 妙设喻体

直言谦虚，固然可取，但用不好会让人觉得做作。特别是两个人之间，如果仅仅说"你比我强多了"这类话，容易有嘲讽之嫌。遇到这种情形，不妨试着用比喻的方式，巧妙地表达自己的谦虚。

3. 自轻成绩

任何称赞和夸奖，都有据可寻，或者因为某件事，或者因为某方面的成绩。这时你不妨像绘画一样，轻描淡写地勾勒一笔，平淡中显示不凡。

4. 相对肯定

面对别人的称赞，如果把自己说得一无是处，不但不会让人感觉你谦虚，反倒给人你很傲慢的感觉。正如俗话所说："过分的谦虚等于骄傲。"现实生活中，这样的情况并不少见。所以，谦虚要掌握一定的分寸。

5. 征求批评

面对人们的赞美，反而征求批评，这是表现你谦虚品格的一种最有效的方法。但要注意适当、适度，否则谦虚也可能变为虚假了。因而，在社会交际中，可以根据不同的场合、不同的环境、不同的交际对象，去不断调整自我，虚心学习。

只要虚心而诚恳，在谈话时保持平和坦诚的态度，尊重谈话对象，就一定会成为一个受人尊重的人，说出的话也会更受人看重。

尊重别人，
拉近心与心的距离

林肯有次批评他的女秘书："你真是一个漂亮的小姐。只是我希望你打印文件时注意一下标点符号，让你打印的文件像你一样可爱。"女秘书对此印象深刻，从此打印文件很少出错。

林肯身为美国总统，说话这样委婉、客气，是他好修养、好气度的体现。倘若他盛气凌人，破口大骂："你怎么工作的？连标点符号都搞不清楚，亏你还是大学生呢。"只能让对方反感，反而不能达到改错的目的。

人都是有自尊心的，都渴望获得他人的尊重。大到整个社会，小到一个团队中，只有收入、分工的区别，而没有人格的差别。扪心自问，"我需要别人的理解和尊重吗？"同样，别人也是如此。所以，聪明的人就要先理解和尊重别人。

人们常说心灵如同花朵，开放时会承受柔润的露珠，闭合时会抵御狂风暴雨。 我们在规劝别人时，实际上就是让他的心灵的花朵开放。 但是，对方往往回避我们，因为他并不知道我们送的是雨露，只知道怎样保护他的自尊心。 因此，尊重别人是至关重要的一点。 通常情况下，规劝别人很容易使自己站在比别人高的位置上。 而在本质上，也确实应该别人高，因为你自己觉得比别人的观点正确，这才能劝人；如若不然，那就表明你观点不一定正确，或者缺乏自信，那还去劝什么人呢？ 因此，规劝者实际上的位置应该是高的，但这种高，只能是你的观点要站在制高点上。 但在人格上，你们是平等的。 只有对方觉得你维护了他的尊严，设身处地地在为他着想，他才能认真考虑你说的话，才能把心扉打开。 这样你才有可能达到劝说的目的。 相反，即使你说得对，但把位置摆得高高在上，甚至不注意语言的表达方式，一派批评人的口气，必然会让对方反感。 因为你没有尊重他，他会想出各种办法来对付你，让你不但没达到目的，还生一肚子气。 如果他迫于某种压力或其他因素，而屈服于你的批评，口头上也许承认自己错了，但心里一定不服气。 我们来举一个老师在课堂上提问学生的例子。

老师："请张丽同学回答问题！"

张丽："我不回答你！"

老师："张丽同学，你既然不回答我的问题，必定有原因。那让我分析一下。我哪做得不好，不能为人师表，不能让同学们信服，甚至损害了人民教师的光荣称号，才使你这样呢？"

张丽："老师，不是的。"

老师："哦。我想你也不是有意让我难堪。那么，你不愿回答问题，我认为，不外乎有三种情况。第一，是我的启发式教学搞得不得当，问题太简单，引不起你的兴趣，你不屑于回答。"

张丽："不、不是。"

老师："第二，是你当时不想回答。如果是这样，你现在回答也不迟。"

张丽："我……我……"

老师："第三种情况也许是你不会回答。但我为什么要这样认真呢？我想帮助你！"

张丽："老师，您、您别说了……请告诉我这个问题该怎么回答……"

这位老师尊重自己的学生，不厌其烦地耐心劝导，消除了学生不安的情绪，学生终于打开心扉。试想，如果这位老师居高临下，不管青红皂白，一通批评，学生只会更加抵触，就像装上了一层自我保护的盔甲，更不会轻易地认错，因为她丢掉了面子，甚至可能连课也没法往下上了。

说得好
不如说得巧

说话，通常是说给别人听。所以，不能光顾自己说话，而忽略别人的感受。如果不听别人的反馈，不给别人说话的机会，不懂别人的心理，那么即使你说得再好也没人愿意听。

三国时期的杨修，在曹营内任主簿。他才思敏捷，实属不可多得的人才。但是由于他十分恃才自傲，屡次得罪曹操而不自知。

一次，曹操建造一所花园，竣工后，曹操一言不发，只提笔在门上写了一个"活"字，想和手下人打个哑谜，大家都不明白，只有杨修笑着说："'门'内'活'字，乃'阔'字也。丞相是嫌园门太窄了，想拓宽它。"

于是，手下再筑围墙，竣工后又请曹操来看。曹操看了非常高兴。一问，才知道杨修毫不费力就解出自己出的谜题，嘴巴上虽然称赞了几句，心里却极为不满。

又有一天，塞北送来一盒酥饼，曹操在上面写了

"一合酥"。正巧杨修进来，看了盒子上的字，径自取来汤匙与众人分食那一盒糕点。

曹操很是不满，质问杨修，杨修嘻嘻哈哈地说："盒子上写明了'一人一口酥'，我又怎么敢违背丞相的意思呢？"

曹操听了，虽然故作镇定，心里却十分厌恶杨修这种得了便宜还卖乖的小聪明。

曹操生性多疑，生怕遭人暗中谋害，因此谎称自己会在梦中杀人，告诫身边侍从在他睡着时切勿靠近他。后来还故意杀掉一个侍卫，想借此杀鸡儆猴。

杨修知道了，马上看穿曹操的心意，当着曹操的面喟然叹道："丞相非在梦中，君乃在梦中耳。"

曹操哪里经得起这样的冷嘲热讽，于是下定决心，置杨修于死地。

机会终于来了。曹操率大军攻打汉中，迎战刘备时，双方长时间在汉水一带对峙。曹操由于长时间屯兵，已经陷入进退两难的处境。此时，正巧侍从递给他一碗鸡汤，曹操见碗中有根鸡肋，感慨万千。

此时夏侯惇碰巧进入帐内请示夜间口令，曹操随口说道："鸡肋？鸡肋？"夏侯惇便把这两个字当作口令传了出去。

行军主簿杨修听了这事，便叫随从收拾行囊，准备归程。

夏侯惇见了惊恐万分，即刻叫来杨修询问情况。

杨修解释道："鸡肋鸡肋，弃之可惜，食之无味。今进退两难，在此有何益处？来日魏王必定班师矣。"

夏侯惇对此颇为认同，于是，下令营中将士打点行装，好鸣金收兵，准备撤退。

曹操得知这一情况，一口咬定杨修造谣惑众，给他扣了一个扰乱军心的帽子，毫不留情地把他杀了。

杨修颇有些聪明，最后却聪明反被聪明误。他恃才傲物，自命不凡，完全不顾及别人的感受，即使面对的是"顶头上司"，还要处处露一手，终究难逃厄运。

说话，通常不是说给自己听，而是说给别人听。既然如此，就需多考虑一下别人的感受，了解别人的心理轨迹。一个真正懂得说话的人，不见得字字珠玑、句句闪光，但是，他总能让对方心悦诚服。

与朋友聊天，
用真心换真情

关心
是相互的

一个极其寒冷的冬日的夜晚，路边一间简陋的旅店迎来一对上了年纪的客人。然而不幸的是，这间小旅店早就客满了。

"这已是我们寻找的第十六家旅社了，这鬼天气，到处客满，我们怎么办呢？"这对老夫妻望着店外阴冷的夜晚发愁地说。

店里的小伙计不忍心这对老人出去受冻，便建议说："如果你们不嫌弃的话，今晚就睡在我的床铺上吧，我自己在店堂里打个地铺。"

老夫妻非常感激，第二天要照店价付客房费，小伙计坚决拒绝了。临走时，老夫妻开玩笑地说："你经营旅店的才能真够得上当一家五星级酒店的总经理。"

"那敢情好！起码收入多些可以养活我的老母亲。"小伙计随口应道，哈哈一笑。

没想到两年后的一天，小伙计收到一封寄自纽约的来信，信中夹有一张往返纽约的双程机票，信中邀请他去拜访当年那对睡他床铺的老夫妻。

小伙计来到繁华的大都市纽约，老夫妻把小伙计带到第五大道和三十四街交汇处，指着那儿的一幢摩天大楼说："这是一座专门为你兴建的五星级宾馆，现在我正式邀请你来当总经理。"

年轻的小伙计因为一次举手之劳的助人行为，美梦成真。这就是著名的奥斯多利亚大饭店经理乔治·波菲特和他的恩人威廉先生一家的真实故事。

关心是相互的，你真心实意地对人付出热情，对方就会把你当成真正的朋友，并以他的关心作为回应。

《太阁记》是日本历史上的名将丰臣秀吉的传记，其中有一段极有趣的插曲是"短矛和长矛比赛的故事"。

有一天，秀吉的主公织田信长手下专教矛术的武师主张作战时短矛较有利，但是木下滕吉郎（秀吉）却力说在战场上长矛较有利，二者争执不下，互不相让。于是信长各派一小队小兵给武师和秀吉二人，交代他们各训练三天后举行一场比赛，用以证明长矛短矛何者较有利。

那位武师从第一天起就对部下小兵施以严厉的训练，开口闭口就是：

"这个地方不对，那个地方不对。"

"那种刺法，违反了矛术原则。"

"用力刺，再用力刺！"

最后甚至说："你们这些小兵就是缺乏武术的涵养，真是不成材的无能东西……"

就这样，他不停地数落小兵们的缺点，第二天、第三天也是同样的严格训练，使小兵身心疲累不堪。

"管他什么鬼比赛，输赢对我们来说有什么关系，比赛时只要随便比画两下，应付应付就好。我们安分地做我们的小兵吧！每天如此严厉的训练，怎么吃得消？"

武师手下的小兵们已然完全丧失了斗志。

滕吉郎这一方面如何呢？第一天，他先吁请部下的小兵们通力合作，然后说：

"长话短说，大家先来开怀畅饮，预祝我们旗开得胜。"

于是大开宴席，夸奖小兵们臂力强大、体格魁梧……大大地鼓励了一番。

第二天也是大略训练了一下，就解散了。在解散之前依然是大大地犒劳了一番，一边喝酒，一边同他们说："在战场上，矛不只是用来刺人的，你们可以任意挥舞，打敌人的脚，刺敌人的胸膛，打得敌人翻滚在地，只要达到目的，任何用法都可以。"

第三天仍然是简单地做了个总复习，就鼓舞激励大家说：

"大家再喝一杯，好好地培养体力，明天的比赛一定可以获胜。"

三天以来，小兵们天天吃的是山珍海味，故体力充足、精神百倍，滕吉郎又如此地鼓舞、关心他们，每个人在心中都暗暗发誓，非替滕吉郎打个胜仗不可。

御前比赛的结果不用说，滕吉郎这一队获得大胜。

关心别人其实是从一些小事上开始的，把别人的事多放在心上，不要总是对那么微不足道的小事情漠不关心。罗斯福总统为什么能受到那么多人的喜爱，就是因为他总是真心实意地对他们表示关心。

有一天，一位黑仆的妻子问罗斯福：

"鹌鹑是一种什么鸟？"

总统非常亲切、详细地解说有关鹌鹑的一切给她听。过了不久，总统打了个电话到仆人的家里，告诉仆人的妻子：

"现在刚好有鹌鹑在窗外，你赶快过来站在窗户边看看。"

关心他人还要经常留意他人的兴趣爱好。

不论什么时候，只要你看到与某人的特殊兴趣有关的文章，你都可以把它微信转发给有关的人，并经常在朋友圈问候一下。这是与人保持交往的一种极好的方式。而不要仅在你需要获得某种关心时才打电话给他，没有什么比这样更糟了。当你送给他们一些感兴趣的内容时，你可以在需要某些帮助的时候随时打个电话。

总之，关心是相互的，要获得朋友的关心就要主动献上自己的一份诚挚的关怀。

尊重朋友，
就是成全自己

谁都知道，许多人非常爱面子。人没有面子，就会觉得不体面，心里难受，朋友也不例外。给朋友面子其实就是给自己面子，你给了朋友面子，朋友往往就会很好地帮助你。

美国钢铁大王安德鲁·卡内基的助手查利斯·施瓦布是一个一年有 100 万美元薪水的人。像这样的待遇即使在美国也屈指可数。那么为什么卡内基能付给施瓦布年薪 100 万美元，即每天 3000 多美元的报酬呢？正如卡内基亲自为他写的墓志铭上说的那样："他是一位知道如何将那些比自己聪明的人团结在身边的人。"也就是说，施瓦布善于给别人面子，以面子换来面子，换来那些肯为他打天下的人。

上面说的虽是上下级间的面子问题，但朋友间又何尝不是如此呢？与其伤朋友的面子，不如给他一个面子，让他欠你的情，那么他日后回报的面子一定大于你给他的。

诸葛亮之所以一生追随刘备，鞠躬尽瘁，死而后已，就是因为刘备给了他太大的面子。刘备第一次屈身去请，诸葛亮适逢外出。第二次去请，诸葛亮又恰巧不在。一直到第三次，诸葛亮才与他交谈。如此大的诚意，诸葛亮怎能不尽心相报？这位历史上最出名的谋士，被请出山时还是满头青丝，等去世的时候，已是白发苍苍的老者了。诸葛亮不仅全心回报了刘备，也回报了其儿子刘禅，最后，终以生命相报。

本杰明·富兰克林是一位杰出的科学家、政治家、外交家，具有极高的为人处世能力。他曾在年轻时当选为费城市议会的文书，他本人很喜欢这个工作。但是议会中有一个既有钱又很有才能的议员很讨厌富兰克林，甚至公开责骂他。富兰克林决心使这位议员先生喜欢他。他讲述了自己所用的一种方法：

"我听说他的图书室里藏有一本非常奇特的书，我就写了一封便函，表示我极欲一读为快，请求他把那本书借给我几天，好让我仔细地阅读一遍。他马上叫人把那本书送来了。过了大约一个星期的时间，我把那本书还给他，还附上一封信，强烈地表示我的谢意。

"于是，下次当我们在议会里相遇的时候，他居然跟我打招呼了（他以前从来没有这样做过），并且极为有礼。自那以后，他随时乐意帮助我，于是我们变成了很好的朋友，一直到他去世为止。"

朋友相交，一定要尊重对方。 你给朋友面子，朋友自然也会回报你，如果你有什么事需要朋友帮个忙，朋友也一定能鼎力相助。

不做"小喇叭"，
为朋友保守秘密

每个人都有秘密，按照现在的话来说，就是每个人都有属于自己的、个人隐私的东西。既然是秘密、是隐私，就不想让更多的人知道，最多是朋友，尤其是好朋友之间的你知、我知。

一个人到了青春期，随着思想的成熟，自我意识也相应地加强了。这时候就开始有属于自己的秘密，就开始在一定范围内向别人保密，甚至是自己最亲近的父母。有意思的是，这个秘密却通常会告诉身边的好友。当然是有条件的，就是希望好友能为自己保密。如果朋友有意无意地泄露了秘密，那么不会有人再对他说秘密了，而泄露秘密的人也就失去了诚信。

美国人交朋友有不少准则，而其中，交友的第一条准则是"为朋友保守秘密"。乍然一听，令人感到有些奇怪，为什么不是别的，偏偏把"为朋友保守秘密"定为第一准则呢？

隐私权在西方社会是一种很普遍的公民权利，是最基本的人权之一。比如自己的私生活，一般不会让朋友过问；自己的财产，也不会轻易向朋友公开；除非受到邀请，不然是不会随便去朋友家中"串门"的；除非相约，不然是不会与朋友一起"吃一顿"的……

事实上，对隐私权的保护，我国早已有之。古代圣贤大儒均视其为人性的基本部分，对其极为尊重。从我国的建筑风格来看，无论王侯豪宅，还是百姓草堂，外皆有高墙围护，内设院落分隔，既有曲径相通，又有门窗相隔，无非是为保护自己有一个相对幽静、自由的空间，免受烦扰，放松身心，这不就是在保护隐私吗？

汉朝的张敞是一个高官，更是一个情种。他与妻子恩爱非常，还常常为妻子画眉，一时，在京师长安传为佳话。但有伪道学先生以此为"有伤风化"，向皇帝告了御状，想让皇帝摘下"道德败坏"的张敞的乌纱帽，以"匡正世风"。但皇帝并不听伪道学先生的胡言乱语，他不仅未责怪张敞，反而当着文武百官的面说："画眉是夫妻间的事，我管不着。夫妻间还有比画眉更亲密的事儿，我也去管吗？"显然，这是在保护张敞夫妻的隐私。

有的人每当遇上些伤心事，譬如涉及家庭纠纷和个人安危之类的个人隐私，闷在心里实在很不舒服，往往希望能在挚友面前倾诉。但在朋友面前倾吐的秘密不希望让其他人知道。

只有为朋友保守秘密、守口如瓶，才能得到朋友的信赖，友谊才能不断加深。反之，如果不把为朋友保守秘密视为一种义务与责任，反而热衷于飞短流长，不但会失去朋友，还会失去周围同事对你的信赖。

穿朋友的鞋子，
体会对方的感受

人生得一知己是幸运的，许多事不必说他就能心领神会。知己深知你心中的每一根琴弦和音调，在你刚刚弹出第一个音符的时候，他已经知道了整个乐曲的内容。这就是历史上高山流水的美谈，这就是白居易"同是天涯沦落人，相逢何必曾相识"的感叹。

生活本来就充满矛盾，这是人与人之间产生误解和隔阂的根源，是通向友谊王国的"拦路虎"。与真心朋友交往就要给对方多一些理解，多站在别人的立场和角度来为他着想，这也就是所谓的"穿朋友的鞋子"。

古人说："同师曰朋，同志曰友。"《世说新语》里记载，管宁和华歆同席读书，同师教导，其朋友之情有多深厚，不得而知，但割席绝交是一件极其让人痛心的事。古代圣贤讲究君子安贫乐道，耻言富贵，管宁割席的缘由正是华歆有崇尚富贵之嫌。人们历来赞赏管宁的品节高尚，但从社交之道来看，管宁就因为一点点"富贵之嫌"，便轻而易举地"废"

掉了人生中占重要地位的友谊，这可取吗？

其实，管宁对朋友似乎太苛刻了，他们之间缺乏理解和体谅。实际上，人各有志，人各有异。朋友之间是一个个独立的个体。再者，世界也是绚丽多彩的，事物也是复杂多样的，因而人的思想和见解不可能统一在同一个水平线上。有人爱吃饭，有人爱吃菜；有人爱喝茶，有人爱喝咖啡；有人喜欢跳舞，有人喜欢武术。所以我们交友不一定得要求别人各个方面都完全符合自己，我们只要求同存异，互相包容，就可以与他结为朋友，最后发展为知己。

善解人意，多站在对方的立场上看问题。这是成功学大师卡耐基曾总结出的一条重要的交际经验。

人们在交流中，分歧总占多数。卡耐基希望缩短与对方沟通的时间，消除差异，提高会谈的效率，为此，他想到，如果自己能站在对方的立场上看问题，不就可以知道他们在想什么、想得到什么、不想失去什么了吗？仅仅是转变了一下观念，学会站在对方的立场看问题，卡耐基就立刻获得了一种快乐——发现一种真理的快乐。

怎样做到善解人意呢？你必须保持对对方"同感"的理解，其实这也是一种说话技巧。

所谓"同感"就是对于对方所述，表示自己有类似的想法和经历。比如吴倩以十分认真的语调告诉她的好朋友李蓉，她觉得活得好累。李蓉不是去问她为什么，也不板起脸孔说教一番，而是说"是啊，我曾经也有过同样的想法。但是那天发生的一件事，使我看到了人为什么要勇敢地活下去……"结果吴倩就轻松地谈起了她的烦恼与苦闷。李蓉边听边点头，表示理解和关注。 后来吴倩生活态度变得越来越积极，还做出了成绩。 她与善解人意的李蓉的友谊愈来愈深了。

　　要想达到与人情感的沟通，就要注意对方。 当对方对某一事物表露出一种情感倾向时，你就要对他所说的这件事表达同样的感受，而且激烈些，于是你们就谈到一起了。

　　真诚理解是友谊的纽带，是成为知己朋友的情感基础，我们不必把其看得过于高深。 理解就在你的身旁，理解就在每天琐碎的日常生活当中，而我们能做的，只是在人际交往中，设身处地多为他人着想。

聊天方法需讲究
把话说得恰到好处

巧借他人的口，
表达自己的心愿

有些话通过其他人传达，往往可以起到更好的效果。某些特殊情况下，一些问题自己不方便开口询问，但又不得不问。这时如果能让别人替自己问就再好不过了。这样不但不会得罪人，还能达到自己的目的。

一个推销员要到一家文化公司老总住处推销办公用品。他事先通过朋友得知，朋友是该公司老总的至交，于是，他便找到了该公司老板的住处敲门。几句寒暄后，他说出了来意，该公司老总表示不欢迎，见状，推销员机智地说："今天能上门拜访，多亏赵小雨的帮忙，他还特地让我代他向您问好呢！"

该公司老总被推销员的这句话吸引，问道："是赵小雨让你来的？"

推销员继续说："是啊！他说您公司最近要买办公用品。所以，我就前来拜访了。"

该公司老总先前阴沉的脸马上转晴，高兴地说："这小子不知最近怎样了，亏了他还惦记着我。"推销员也顺利进了家门。

第二天，这个推销员再次出现在文化公司老总的家里，这次不是为了推销，而是该老总向推销员签下了很大一笔订单，二人正在开心地签合同。

推销员最高明的地方，就是有意忽略自己，利用中间的熟人很快拉近与客户间的距离，运用这种"借人口中言，传己心腹事"的说服技巧，可以轻松达到目的。

现代社会中，人的防范意识很强，在推销产品时许多人利用第三者去消减客户的防范心理。

一位保险推销员带着朋友的介绍信，来到一位作家家里推销保险。客套过后，推销员就展开了进攻，他说："能够见到您真是荣幸之至，我的上司非常敬佩您，叮嘱我若拜访阁下，务必请您在这本书上签名。"说罢，双手递上作家最近出版的一本著作。于是，该作家不由自主地对推销员产生了好感。其实，这些话不过是推销员找的一个借口，目的是与作家找到共同点，拉近彼此距离。

一般情况下，人在被恭维、夸奖后，虚荣心便得到了满足，心中的防范便会松弛。此时，会身不由己地任凭他人摆布，按照别人的要求去做。这种推销手段，常常使很多人中招。

推销要按照一个非常严谨的程序运行，只要一个细节出问题，就可能破坏一次交易。 推销时出现交流障碍的状况也时有发生。 这时，你可以巧借第三者的口，表达自己的想法，这种方法，很可能使推销顺利地进行下去。

选择合适对象的口，是借他人之口问己之话的关键所在。具体该怎样做呢？ 不妨参考如下几点：

1. 借亲人之口，传己之事

数学家陈景润与爱人相识时，双方互有好感，产生了结为夫妻的想法，但出于矜持，双方又都不愿将各自的心意说出口。此时，聪明绝顶的陈景润巧借父亲之口，了解了对方的想法。

一天，陈景润与心上人在一起时，收到了父亲的一封来信，信中提道："我知道你和她恋爱很久了，你们什么时候结婚呢？"陈景润把信拿给身边的心上人看后，双方都知道了彼此的心意。

陈景润巧借父亲的口替自己提问，这一招，在日常生活中常常可以用到。

小王与小张恋爱几年了，仍然没有结婚，小王心里非常着急，而女友向来少言寡语，所以小王不知怎样向女友求婚。

一天，机会终于来了，两人一起去参加小王表哥的婚礼。回来的路上，小王说："表哥真会说话，他问什么时候能喝上咱俩的喜酒。"不久，小张就答应了小王的求婚。

结婚后，小王一直想要个孩子，于是，他再次借家人之口，说出了自己的心思。他说："你妈一直想抱外孙，整天逼着我问咱们什么时候要个孩子。"同上次一样，他又成功了。

一些不太明确对方意愿的问题，如，上面提到的结婚、生子之类的话题，当事人一般不好开口，而借助家人之口问自己想问的话，也成了比较便利的方法，这种方式，于情于理都比较容易令人接受。

2. 借上级之口，传己之事

工作中，难免遇上一些刁难人的同事。那些人在同事面前颐指气使，只有在领导面前才肯收敛锋芒。与这类人打交道时，如果以自己的名义向他提要求，多数会碰壁。此时，解决问题的最好方法，就是打着上级的旗号问自己想要知道的事。

例如：出于工作需要，你要向李经理咨询项目相关问题，恰巧李经理是一个善摆高姿态的人，不屑搭理同事，在领导面前却非常谦逊。与这样的人共事时，你不妨这样说："李经理，总经理让我问你这个项目进行到哪个阶段了？"如此一来，他定会认真回答你的问题了，你也不至于忍受他傲慢的态度。因为你是以总经理传话者的身份与他交谈的，即使他再不愿意与你交谈，迫于领导的压力，也不敢怎样了。

借上级之口问问题有很多种问法，如："组织对这一问题很重视""某领导认为这一问题非常值得研究"等，虽然有狐假虎威的感觉，但却可能是惩治傲慢同事的撒手锏。

3. 借陌生人之口，传己之事

秘书小杨随总经理外出谈判，可谈判持续一周仍未果。小杨想知道谈判究竟进行到何种程度才能返回，可她不便直接询问。于是，她灵机一动对总经理说："王总，刚刚服务台小姐打来电话，说她们新添了预订机票的服务项目，问我们是否需要。您看怎么答复呢？"总经理低头想了一下，回答道："你请他们帮忙订后天的机票。"这样一来，小杨便得到了自己想知道的答案。

现实生活中，有许多问题自己不便直截了当地询问，如果不计后果直接问，很可能产生适得其反的效果。当遇到某些事自己不方便问，旁边又恰巧没有别人的口可用时，也可以借陌生人的口来提问。

日常生活中，人们很可能遇到一些难为情的事，如，向医生咨询难堪的问题时，可以这样说："医生，您看我朋友的病怎么办？""我同事请我咨询一下……"这种问话方式，可以减轻提问者的心理压力。

4. 借"大家"之口，传己之事

日常生活中，难免会碰到一种人，当某人向他询问一些比较复杂的工作或比较深奥的学术问题时，他总采取避而不答的态度，遇到这样的人，你可以这样提问："大家都想了解一下……您能否给大家讲解一下？""我代表大家向您请教……"

一般人都会认为凡是"大家"提的问题，都是比较重要的，只要处理得得体，就可以在公众面前塑造好自己的外在形象。所以，借用"大家"的口发问，往往会让对方说出答案。

通过观察可以看到，记者在采访某一公众人物时，常常借"大家"的口问自己想知道的事。这就给被采访者一个回答的理由：这是大家希望知道的事情，记者只是代为传话而已。

"借人口中言，传己心腹事"是说话的一大技巧，运用得当会有惊人效果，反之，则可能得罪人。

坏话好说，
实话巧说

那么，该如何才能做到巧说呢？怎样才能既让人听了顺耳，又能使人欣然接受呢？下面介绍几种方法：

1. 由此及彼肚里明

两个人意见不一，如果实话"实说"，或者直接反驳就会有伤友谊。

这个时候就需要采取这种方法，以避免纠纷。

一次事故中，主管生产的副厂长老马左手指受了伤，在医院接受治疗，厂长老丁来病房看望时，谈到车间小吴和小齐两个年轻人技术水平较强，但不受纪律管制，想让他们下岗。老马当时没有表态，只是猛地抓着手指大叫。丁厂长忙问："疼了吧。"老马说："可不是，实在太疼了，干脆把手锯掉算了。"老丁一听忙说："老马，你是不是疼糊涂了，怎么能因为手指疼就锯掉手呢。"老马说："你说得很有道理，有时候，我们看问题，往往会有些片面。老丁，我这手受了伤需要治疗，那小吴和小齐……"老丁马上明白了，忙说："老马，谢谢你开导我，这事我知道该怎么处理了。"老马把手有病需要治疗类比人有缺点需要改正，进而巧妙地把用人和治病结合起来，不仅没使老丁为难，反而还维护了团结，成功地解决了问题。真是非常明智！

2. 抓心理达目的

这个方法更注重心理的揣摩，与人交谈时，要学会洞察对方心理，在掌握对方想法的同时对症下药，从心理上攻破对方防线。

一位穿着华贵的妇女走进时装店，看中一套时装，但因价格昂贵，犹豫不决。这时，一位营业员走过来对她说，某某女部长刚才也看好了这套时装，也因为贵才暂时没买，刚刚离开。于是，这位夫人当机立断去付了款。这位营业员能让这位夫人买下时装，就是因为她很巧妙地抓住了这位夫人"英雄所见略同"和"女部长嫌贵没买，她要与女部长攀比"的心理，巧妙地达到了让夫人买下时装的目的。

3. 藏而不露巧表达

用含义较多的词，委婉曲折地表态。

林肯当总统期间，有人向他引荐某人为阁员，因为林肯对这个人品行不满，所以一直没有同意。一次，朋友向他质问原因。林肯说："我不喜欢他那副'长相'。"朋友一惊道："什么！你未免太严厉了吧，长相不是他能改变的呀！"林肯说："不，一个人超过四十岁，就应该对他那副'长相'负责了。"朋友当即领会话外音，再也没有说什么。很显然，两人所说的"长相"，根本不是一回事。林肯巧妙地利用词语的歧义性，道出了"这个人品行道德差，我不同意他做阁员"这句大实话，在保护友谊的同时也实现了自己的目的。

实话婉说，直话巧说，是讲话的最高境界，一个人如果能达到这一境界，即使再复杂的人际关系，也能轻松应付；即便是再难处理的问题，也会变成小菜一碟。

投石问路，
委婉表达自己的观点

想要达到说服人的目的，不要过早地透露自己的真实意图，有时需要绕道而行，聊些人家感兴趣的话题，然后再按照预定方案实施自己的计划，这样成功率更高。

伽利略年少有为，他年轻时就下定决心要在科学研究上有所突破，并希望得到父亲的支持与赞许。

一天，他对父亲说："父亲，我想向您请教一件事，为什么您选择了母亲？"

父亲简单地说："我喜欢她。"

伽利略又说："您只愿娶母亲？"

父亲说："是的，孩子，我向老天发誓。当时家里希望我娶一个贵妇，可是我对你妈妈情有独钟，不愿意与其他女人结婚，你母亲当年是一位姿色动人的姑娘。"

伽利略继续说："确实如此，你只娶你爱的人。可是，父亲，我现在也陷入了同样的处境。我只喜欢科学，除了科学以外，我无法从事其他行业。我认为，其他职业对我来说没有任何意义，难道父亲要我违背我的内心吗？科学是我今生最为热爱的行业，也是唯一的追求，我对它的爱胜过其他所有行业。凡人皆愿成家，哪怕是最穷的人都想过自己的婚事，可我却只想与科学为友。我不曾与人相爱，我想今后也不会，我只愿与科学为伴。当人们问及婚事时，我就感到羞臊。"

父亲沉默，陷入了思考。

伽利略继续说："亲爱的父亲，我自信有能力为科学做贡献，为什么不让我去实现自己的愿望呢？我有决心能成为一个杰出的学者，并获得教授身份。有了这个工作，我一定会比别人活得更幸福。"

父亲说："可是我无法给你资金上的支持。"

伽利略充满期待地说："父亲，您听我说，许多贫困生都是靠领取奖学金来读书的，这钱是公爵宫廷给的。您能否为我申请一次呢？您在佛罗伦萨有那么多朋友，他们对您也是十分尊敬的，如果去请他们帮助，我想一定会有人帮我的。如果您能够到宫廷去为我办这件事，公爵的老师奥斯蒂罗·利希会告诉您我的能力。"

父亲被伽利略的话说动了："嗯，我会尽力支持你。"

伽利略抓住父亲的手说："我求求您，您一定要想尽一切办法。这关系到我的一生。我以人格向您保证，我会成为优秀的科学家，并以此来报答您。"

最终，伽利略借助父亲的帮助，实现了自己的理想，成了一位令世人瞩目的科学家。

那么，说话时应如何婉转表达，又怎样才能实现自己的目的呢？以下几点可供参考：

1. 先讲些其他不相关的话题

许多人喜欢单刀直入式的说服方式，认为这样最直接有效。殊不知，并非任何人都适合这种说服方式。因此，就要因人而异。现实生活中，许多人会排斥他人的直言，认为那是一件丢面子的事，可是，如果说服方能采取正确的说服方式，往往更容易说服对方。

在说服别人时，先讲些无关主题的话，便可帮助人们实现说服目的。它不但可以降低被说服者的防范意识，还可以使交谈的双方产生共鸣，为实现目的奠定基础。

2. 推彼及此

在闲谈过程中，多谈及两人的共同爱好，让对方感觉你们之间有许多共同的特质，从而产生共鸣。这就意味着，你离成功不远了。

3. 真情实意

以情动人是有效的说服方式，将诚恳的态度、实实在在的感情展露在别人面前，一般情况下，是可以让对方接受你的。

◆ 投石问路，寻找与对方心理的默契 ◆

师傅，能搭一个便车到拉萨吗？我可以路上陪您聊天，省得您无聊。

上来吧。我已经两天没说话了。

您在管理上太有经验了，愿不愿意到我们这儿来？我可以把老总的位置让给您。

我考虑考虑，这将改变我的人生方向啊。

潘建伟团队需要人，我可以给你推荐一下。

教授，您是量子力学方面的科学家，学识渊博。我很喜欢量子力学，能跟着您做研究吗？

移花接木，
让对方接受你

《三国演义》中，诸葛亮说服周瑜采纳并执行他的战术时，运用的就是移花接木的方法，使周瑜甘心听从他的安排。

一天晚上，诸葛亮在鲁肃的引领下来见周瑜，周瑜迎他入座。此时，鲁肃率先打开了话题，他对周瑜说："目前曹操率领大军南侵，是战是和我们主公尚未决定下来。派我们来打听将军的意思，不知道将军您作何打算呢？"周瑜答道："曹操自命为天子，他的军队实力不可小视。我们决不能轻敌啊！应战必败，投靠曹操才能得到安稳。我已经下定决心了，将来见到主公，便当遣使乞降。"周瑜表面上说要向曹操投降，实际上是在挑拨诸葛亮，希望诸葛亮来求他，以显示他的威严。因此故意假装要投降，以达到自己的目的。

鲁肃性格憨厚，未识破周瑜伎俩，大为惊异地说："这种说法欠妥，江东的基业，已经历了三世，怎么能这么轻易就给曹操呢？伯符临终之前，把军务大事托付给将军您。如今出兵抗曹，正是维护江山社稷的时候，将军如何投降曹操呢？"

诸葛亮说："我可以理解将军降曹的理由。"鲁肃用疑惑的眼光看着诸葛亮。诸葛亮继续说："曹操善用兵，世上无人能敌。以前只有吕布、袁绍、袁术、刘表敢与他对抗。可如今这些人都已经被曹操争取过去，所以，天下再无匹敌对手。唯有我家主公不识时务，硬要与曹操抗衡，如今落得孤军奋战，生死未卜。将军此计不但可以确保妻子老小安然无恙，还可以过衣食无忧的富裕生活。至于国家的兴衰存亡，就听天由命了，这有什么值得顾惜呢？"

诸葛亮的言外之意是在贬损周瑜，说他不是曹操的对手且不敢相抗，不能称得上是真英雄，只是个贪图虚荣、安逸，不惜牺牲国家利益来满足自己私欲的小人。周瑜果然中招，气得难以忍受，自觉颜面无光。但诸葛亮并未就此止步，又接着说下去："我有一条妙计，不用带着酒、印，也不必献上金银珠宝，只派两个使者过江，曹操看见此二人后，必定接受你的投降，百万之众自然会卸甲卷旗而退。"

周瑜听到这里，不禁问道："哪位神通广大的使者，能使曹操退兵？"诸葛亮说："我曾经听说曹操在漳河造了一个铜雀台，非常美丽壮观，希望将世间美女聚集于此。曹操原本就是一个好色之徒，早就听说江东乔公足下有大小乔两个女儿，有惊天绝世的容貌。曹操曾就此发誓，'生平一定要实现两个愿望，一是统一四海，成就大业；二是锁二乔于铜雀台，以供晚年享乐。'现在，曹操的百万大军在江南虎视眈眈，志在得到二乔。将军为什么不去找乔公，令其献出二女，派人将她们送给曹操呢？曹操一旦得到这两位美人，必然心满意足、班师回朝。这可是范蠡献西施的计策，值得借鉴效仿啊。"

周瑜问："你所说的话可有证据？"

诸葛亮继续说："曹操次子曹植文才出众，妙笔生花。曾奉父命做《铜雀台》赋。赋中的意思是说，曹操是天之骄子，发誓要迎娶二乔。这首赋文辞华美，其中有几句是，'立双台于左右兮，有玉龙与金凤。揽二乔于东南兮，乐朝夕与之共……愿斯台之永固兮，乐终古而未央！'"

周瑜再也忍不住，大发雷霆，站起身指着北方大骂道："老贼欺人太甚！"诸葛亮见状，连忙起身劝慰道："以前单于频频入侵疆界，汉天子以和亲求和平，特将公主嫁了过去。如今仅送两个女子，何以至此？"

周瑜说："你有所不知，大乔是孙伯符将军的妻子，而小乔正是本将军的内人。"

诸葛亮佯装惊讶道："我实不知情，信口胡说，该死该死！"

周瑜说："我与老贼势不两立！"

诸葛亮假意劝道："将军可要三思而后行啊，以免悔恨。"

诸葛亮的一番"激词"，使周瑜决心应战，朗声发

◆ 聊天讲策略，你说的话别人才爱听 ◆

进入股市是去当股东，不能有投机心理。如果你2004年买入1万元腾讯股票，现在已经拥有450万元了。

股市就是一个赌局。开着一辆汽车进去，拎着一个车轮出来。

用数字作为你聊天的支点
数字是最有力的事实依据，可以让你的聊天内容有理论支撑。

你以为老总没长脑袋吗，让谁当销售经理是以能力为参照标准，不是以谁与他走得近为参照标准。

赵立最近和老总走得很近，是在巴结老总，想当销售经理。

有理有据，你说的话别人才爱听
善用理据结合的方式表达自己的观点，别人才能信服。

誓："我已经接受了孙伯符的委托，如何愿屈身投降于曹操呢？我早有北伐之心，绝不变志。希望你能助我一臂之力，共同消灭曹贼。"

　　移花接木法之所以有效，是因为它抓住了对方的自尊心。一旦对方的心理防线被突破，说服就很容易奏效。许多人在说服他人时都会采用移花接木法，去触动对方的自尊心，以此来达到自己说服的目的。当然，移花接木法并非到处适用。

　　那么，如何才能灵活运用这种方法呢？

　　第一，正确掌握对方的性格特点。

　　一般来说，自尊心强、性格外向、感性冲动的人，比较容易产生激动情绪，对这样的人使用移花接木法，效果应该不错。而对那些心思细腻、思维逻辑严谨、谨小慎微、性格内向、比较理智的人，不宜运用此法。因为这些人比较敏感，内心深处也会因此产生抵触情绪，对你严加防范，反而增加了失败概率。

　　第二，不要表现出自己的意图。

　　使用移花接木法，关键在于不要表态，否则，容易使别人产生被利用的感觉。最好的办法，就是说些对对方有利，或者能使对方的才华显露的话，这样说服效果更好。

说好赞美话，
让别人更加欢迎你

聊天
从赞美开始

　　印尼前总统苏加诺是位外交老手。他曾在广州青年为他举行的欢迎会上说了这样的一番话："今天，我非常高兴见到大家。你们青年人是民族的希望、未来的建设者、未来的主人翁。青年人是多么幸福啊！印度有很多神话，其中一个是关于'愿望之树'的，谁要是站到神树的下面，就能实现他此刻的愿望。假如我现在能够站到这棵神树下，来了一个神仙问我说：'喂，苏加诺，你有什么愿望？'那我就要告诉他：'我想重新回到青年时代。'"

　　苏加诺针对青年听众，热情赞颂他们拥有的宝贵青春。一番赞赏之词，一方面激起了听众的自豪感，另一方面博得了听众的亲近感和信任感，不仅拉近了感情，还增进了友谊。

　　虽然赞美能够拉近彼此的距离，但也要注意场合，对陌生人进行直接赞美则会显得矫揉造作、不伦不类。所以，如果

◆ 说好赞美话，让别人更加欢迎你 ◆

交际从赞美开始	好久不见，您还是这么年轻漂亮。 您比以前更绅士了。	热情的赞美不仅可以拉近人与人的距离，还可以增进友谊。
赞美让人心花怒放	妈妈，您越来越有气质了，我们同学都夸您呢。 真的吗？我女儿越来越会哄妈妈开心了。	人们正是在别人的赞美声中感受到自己的价值，建立起自信和幸福感。
赞美别人要有新意	张姐，您家这么有书香味儿，怪不得能培养出这么优秀的孩子。	只有不落俗套的赞美才能契合对方心理，打动人心。

我们在称赞一位经营者时，不妨间接赞美与其相关的其他方面，以此表现自己对对方眼光独到、经营有方的欣赏；而在称赞一位演讲人时，可以着力夸赞他的口才和博学等，这不但给他鼓励，还能证明自己有素养。

萧伯纳年轻时非常胆小。刚到伦敦的时候，有人请他去做客。他到了主人家门口后，挣扎很久还是不敢按门铃，徘徊许久后选择了放弃。但就是如此胆小的一个人，最后，却成了有名的演说家，实在是令人称奇。

萧伯纳受朋友之邀参加他人生的第一次演讲。当时，胆小的他怀着一颗忐忑不安的心诚惶诚恐地站起身来，声音很小地讲了一个小故事，结果却被众人嘲笑。大家都笑他胆小得像个小姑娘。他惭愧得无地自容。正在他懊恼时，一个女孩真诚地对他说："你的声音真好听，相信再大点声会更美妙。"萧伯纳害羞地看着女孩，女孩开心地笑了，她知道他已经接受了赞美。从此以后，萧伯纳不再在公众场合保持沉默，他像被一股无形的力量推动着，不断进步。

此后，每逢周末，萧伯纳都会积极地找寻机会当众演讲。即便别人觉得他很怪，他也一直保持着不理会的态度。每次演讲过后，他都会反思以提升自己。

无论是在什么场所——是挤满成千上万听众的演讲大厅，还是寥寥数人的地下室，萧伯纳都会出现。经过反复锻炼，萧伯纳完全摆脱了胆小的毛病。他不仅能够大胆地与别人交谈，而且还开始展现自己演讲的魅力。

赞美具有神奇的魔力，它不但能化解尴尬，建立友情，还能让干戈化为玉帛，让不可能变成可能。

美国南北战争时期，北军格兰特将军和南军李将军交锋。经过激烈战斗，北军胜利，李将军签订降约，美国内战结束。

格兰特将军立了大功，但他并不狂傲。他首先谦恭地称赞对手："李将军虽然战败了，但这并不影响他的军事才能，他依旧是一位伟大的军事统帅。他一如既往地镇定，身穿军服，腰佩宝剑，气宇轩昂。我和他那高大的身材比较起来，真是相形见绌。"

格兰特不但大度地赞美了李将军的仪表和态度，而且还不趁机诋毁他的军事才能，谦虚地认为自己的胜利和李将军的失败，是运气眷顾。他说："这次胜利来得很幸运，当时他们的军队在弗吉尼亚遭遇连绵阴雨，行军作战异常不便，而我军一直没有遇到如此糟糕的情况。老天在帮助我们，是幸运给了我们胜利！"

格兰特将军把一场关键性战役的胜利归功于天气和运气，而对自己战术指挥的高明闭口不提，面对战败的敌人也不盛气凌人，而是采取赞美对方来维护战败者的尊严。最终，他得到了更多的敬意。

发自内心的赞美
更有力

美国著名的柯达公司的创始人伊斯曼捐赠巨款，欲在罗彻斯特建造三座全新的公共戏院。为了承接这批建筑物内的座椅，许多制造商想尽了办法。但是，商人们无不乘兴而来，败兴而去，一无所获。

当时，优美座位公司的经理亚当森也前来拜见伊斯曼，希望能够得到这笔价值9万美元的生意。

亚当森被引进伊斯曼的办公室后，看见伊斯曼正忙于批示文件，于是，他静静地站在那里观察办公室的环境。

过了一会，伊斯曼抬起头来，发现了亚当森，便问道："先生有何见教？"

这时，亚当森搁置交易的事，而是先说："伊斯曼先生，在我等您的时候，我仔细地观察了您的这间办公室。我本人长期从事室内的木工装修，但这间办公室精致的装修让我惊艳。"

伊斯曼回答说："哎呀！您提醒了我过去的事。这间办公室是我亲自设计的，当初刚建好的时候，我喜欢极了。但是后来一忙，就没时间仔细欣赏一下这个房间了。"

亚当森走到墙边，摸了一下木板，说："我想这是英国橡木，是不是？意大利橡木的质地不是这样的。"

"是的。"伊斯曼喜形于色地说，"那是从英国进口的橡木，是我的一位专门研究室内装饰的朋友专程去英国为我订的货"。

伊斯曼心情极好，便带着亚当森仔细地参观起办公室来了。十分详细地向亚当森做介绍，包括了木质、颜色、比例、手艺等，还详细介绍了他的设计经过。这个时候，亚当森非常专注地在听。

一直到最后，俩人都未谈及生意。你想，这笔生意会落到谁的手里？除了亚当森还可能是谁？

亚当森不但得到了大批的订单，而且和伊斯曼成为至交。为什么伊斯曼把这笔大生意给了亚当森？这与亚当森适度的赞美密不可分。如果他一进办公室就谈生意，则十有八九会被赶出来。

亚当森成功的诀窍是什么？很简单，就是他了解谈话对象的心理。亚当森从伊斯曼的成果开始，赞扬他取得的成就，使伊斯曼的自尊心得到极大的满足，把自己视为知己，自然会先考虑自己的生意。

在这里，值得指出的是：赞美与拍马屁完全不同。赞美是发自内心地对对方某种长处的肯定，而拍马屁则是不怀好意地虚伪吹捧。 是诚恳的称赞还是虚伪的拍马屁，对方一听就清楚。

在用称赞的方式谈话时，还应注意：

称赞要发自内心，诚恳；要具体而不要抽象笼统；要实际不浮夸。 间接的称赞比直接的称赞来得更有力。 因此称赞要选好时机说对话；称赞要适可而止，不可无限拔高；称赞贵在自然，不可做作。

发自内心的赞美更有力

你今天的打扮看着好酷。给你拍个照片留着?

称赞要发自内心

自然而然而不要不切实际。

您最近画的那幅油画真是太棒了。

赞美对方的成就更能打动人心

每个人都有自尊心,保护着自己。成就是一个人内心最值得傲骄的闪光面。

赞美比批评
更易让人接受

　　艾尔·约翰逊首次授课就在班上宣布："我只有一条规则——尊重你自己和教室里其他的人。人若不会自重就自然也不懂得尊重别人。如果你不懂得尊重自己，那就代表你有问题。我们会纠正这一问题，因为个人尊严是人天生的权利。"

　　随后，班里的学生卡莉突然有了一个怪毛病。约翰逊讲话的时候，她会直望着他的眼睛，大声打呵欠。她的呵欠总是历时长久又动作夸张，感染着身边许多别的学生也都打起呵欠来。

　　每次打完呵欠卡莉都会露出可爱的笑容，并且装作很诚恳地道歉。当然，约翰逊知道卡莉毫无歉意。这显然是在考验老师。

　　"打个电话给她父母，"同事向约翰逊建议，"告诉家长之后，那些孩子就会突然乖起来。"

　　"以前我读书时，如果有人告诉父母说我行为不好，我父亲必定把我痛打一顿。"约翰逊说。

"你不必直接说出来，"海尔说，"你只要跟她母亲或者父亲闲聊几句，她就能够会意了。"

约翰逊不打算这样做。他想："她的父母会问我她的情况，而我只能据实相告。不过我总得想个办法。也许可以写封短信给她父母，这样，我只用说出我的想法而不必答复他们提出的问题。然而，要是我坦白告诉韦斯特夫妇卡莉在教室里捣乱，他们恐怕必须做出表态。如果他们要偏袒女儿，我就输了……"

终于，约翰逊给卡莉父母写了封信，信中说："我对于有卡莉这样的孩子在我班上感到非常高兴，因为她乖巧好学，而且成绩不错，总平均成绩是 B。"

约翰逊没有把信封口，第二天，卡莉第一次打呵欠之后，他就让她把信带给家长。她当然偷看了。从此卡莉再也没有在教室里打呵欠。

到了下星期一，卡莉找到约翰逊谈话："约翰逊先生，谢谢你的那封信，"她说，"我母亲把它贴在了冰箱上让大家看。在我家，那里就是光荣榜。不过我父亲不相信信中说的成绩，认为我不会都得 B。"

"肯定能，"约翰逊回答说，"你很聪明，总是最先交作业。"

"不错，"卡莉说，"但是我从未得过 A。"

"那是因为你总是不把作业做完。做到这点，你会得A 的。"

"可是我的测验成绩也从未得过 A，"卡莉说时，拿出自己的测验本，"我总是拿C。"

"我敢打赌，要是你肯用功温习，就会拿A。"约翰逊一直用鼓励的眼光看着她，直到她抬起头来看着他，"我说的是真的。"

下一次考试时，卡莉拿到了B＋。到了年底，测试拿到了A。

约翰逊大受启发，他决定给每一个学生写信，他分三批写。第一批写给"坏"学生，因为他认为他们最需要鼓励。有时候约翰逊会思考良久才想到赞美的话，但是他从不说假话。他在每一封信里都说："由于这孩子品性纯良、彬彬有礼、善于与人相处，我对他是我的学生，感到很开心。"

约翰逊所做的努力有了成效，只有少数学生依然如故，大部分都已改变了以往的不足。杰森不再是个贫嘴的小鬼，他已成为有智慧的人，班上举行讨论时，他的言论常常能够为大家提供乐趣；雪莉是个成绩只勉强及格的学生，但是她总是把头抬得高高的，充满自信，觉得自己是个既优雅又有品味的少女……

给"模范学生"的信很容易写。约翰逊赞扬他们字写得好，成绩好。而且他也没有忘记称赞他们的行为和性情，因为孩子对这些更加看重。

最后，当约翰逊开始写第三批信给那些不好不坏的"中间"学生时，骇然发觉自己竟然不记得他们中一些人的模样。然后，他明白了为什么会有如此多好孩子这么容易在自己这儿受到遗忘。他们说话不粗声粗气、举止

赞美比批评更容易让人接受

人人都爱被赞美

赞美可以使大脑皮层兴奋中心调动起各个系统的积极性，从而激发出内在力量。

赞美比批评更有效

对于犯错的人，赞美、鼓励比批评、呵斥要有效得多。

比较斯文、性格温和不惹事，也不喜欢出风头。他们在莘莘学子中默默无闻，而他们之所以会这样，往往是出于自愿，但有时则是因为比不过别人。

最后一批信约翰逊写得认真仔细。他把它们分发给学生时，双眼一直看着他们的脸，直至看到他们回看他，才把视线移开。

给每个学生都写信之后，约翰逊感觉到学生与自己越来越亲近。那种感受美妙极了。他发觉教室里的气氛也已改变，那些学生也真正相信老师了解任何一个人，对老师也不再采取对立的态度了，每个人的表现都比以前好。

在学生心里，鼓励、赞美比批评和歧视更有效。

可见，赞扬的力量不可小视。哈佛大学藻类学专家 B. F. 斯金诺的实验也充分地肯定了这一点。他认为，鼓励不仅仅是奖赏和惩罚，它会影响行为，促使这些行为再次发生。当大脑接收到鼓励的刺激，大脑皮层优势兴奋中心调动起各个系统的"积极性"，潜在的力量使行为受到影响。

鼓励能让人摆脱焦虑和沮丧。演员鲁恩·戈登的观点令人欣赏："一个演员必须有人赞美。如果没有别人鼓励他，他就应该赞美自己，这样，有助于保持一种良好的舞台激情。"华尔街有一位律师是一个球类运动员，他对自己的每一个漂亮的射球，都高喊着"好样的"，以给自己助威。他说，过去他只看到失误，一直咒骂自己，自从运用鼓励自己的方法以后，他的能力变得越来越强。

委婉的话语
更动听

理发师在替人刮胡子时，通常会先敷上一层肥皂水，使顾客的脸不至于受伤。 那么，我们在指出别人缺点时，也可以不直接说出对方的缺点，而是先赞美对方。 在这样的情况下，我们提出的意见才不至于引起别人的反感，因此也更加容易达到让别人改正缺点的目的。

我们在一般情况下是一看到对方有什么问题，就直截了当地指出来。 但是，在更多的时候，我们只有含蓄一点、委婉一点，才能达到自己的目的。 有些时候，因为环境、气氛、心理等因素，有些东西不方便直接说出来，也必须要用比较委婉的语言来表达，即通常所说的"转着弯儿说"。 只有这样，才不会给对方和自己带来难堪，从而不会破坏谈话的气氛，甚至阻碍谈话的进行。

委婉和含蓄往往是联系在一起的。 它并不是含混其词，其结果也是说出了自己的观点，只是比较隐蔽而已。 它是一种比直接说话更加富有智慧、更加具有魅力的表达技巧。 其根本目的是通过另外一种更加合适的方式表达自己的观点，或者使别人被自己说服。培根说过："含蓄和得体比口若悬河更加难能可贵。"

确实，在某些场合，委婉、含蓄地说话比直接说出来的效果要好得多。

一次，年轻的莫泊桑向著名作家布耶和福楼拜请教诗歌创作。两位大师一边听莫泊桑的诗歌朗读，一边喝香槟酒。听完之后，布耶说："你这首诗，句子虽然有些小疙瘩，像块牛蹄筋，但是我读过更坏的诗。你这首诗就像这杯香槟酒一样，勉强还能吞下。"这个批评虽然很严厉，但是却因为比喻的运用而减少了它的冲击力，给了对方一些安慰。

一个人在禁止捕鱼的地方网鱼，这时候，来了一个警察。捕鱼的人心想这下肯定糟了，不料，那位警察却出乎意料地用非常友好的口气对他说："先生，你在此洗网，下游的河水岂不是要被你污染了吗？"这句话使捕鱼者十分感动，他立即诚恳地道歉，并且把渔网收了起来。而在此之前，他本来想跟警察讨论一下这里为什么要禁止捕鱼呢！

在一家高级餐馆里，一位顾客坐在桌旁，却把餐巾系在了脖子上。这种不文雅的行为很快引起了其他顾客的不满。餐厅经理叫来了一位服务生，对他说："你必须想办法使这位先生不再做这种不文雅的举动，你要让他知道，在我们这样的高级餐厅，这种行为是不被允许的。但是你必须尽量给他保留尊严。"这可是个十分棘手的问题。那位侍者想了想，然后走到那位顾客旁边，礼貌地对他说："先生，请问你是要理发呢，还是打算刮胡子?"刚说完，顾客就意识到了他的不文雅的行为，并且赶紧取下了餐巾。

这位侍者并没有直接指出那位顾客的不当行为，而是拐弯抹角地问了一件与餐馆毫不相干的事情。表面上看来，这位侍者好像是问错了，但是正是这种问话，才起到了既顾及顾客的面子，又提醒了他的不当行为的作用。

一般的人对陌生人似乎很委婉，看起来的确很客气，但是他们认为对熟悉的人就不必如此了。这种想法当然是错误的。要知道，不论是陌生人还是熟悉的人——即使是你的亲人，他们都希望自己被别人尊重。他们与陌生人只有一个差别，那就是陌生人可能会暂时接受你的看法，但是却并不会在心底里赞同你。

本拉说服他儿子的做法，有值得我们借鉴的地方。

一天晚上，本拉的太太拿电话账单给他看："你看看，我们的儿子在我们去欧洲旅游的时候，打了多少长途电话。"接着她指着某一天的记录说，"单这一天，就打了 1 小时 40 分钟!"

"什么?!"本拉意识到这样的行为再发展下去，可能会耽误儿子的学习，于是就准备上楼去教训他。但是，本拉站起来又坐了下去，因为他想到自己现在正在气头上，还是不要说的好，而且他需要找点技巧去说服他已经 16 岁的儿子。

本拉把话忍到了吃午饭的时候。他在饭桌上装作毫不经意地说："约翰，暑假快结束了，你马上要回学校了，你抽时间查查看哪家电话公司打长途电话便宜。"然后他又来了个急转弯，"咳，你这学期应该挺忙的，也没多少时间打电话，我是多操心了。"

儿子马上领会了父亲的意思，他不好意思地说："是啊是啊，我因为要回学校，跟同学联络，上个月打了很多电话，以后不会这样了。"

就这样简单！ 本拉先生把省钱、少打长途电话、用功读书这些意思都表达清楚了，他换了一个方法，因此也没有产生什么不快。

听起来是不是很简单？ 听起来确实简单，但是你必须想到这么去做，才能做得很好。

学会换位思考，

你说的话人人都爱听

雪中送炭
胜过锦上添花

　　人生的道路不平坦，有顺境也有逆境。不幸的事，人人难免。身处逆境，面对不幸，当事者不仅需要自己坚强起来，也迫切需要别人的安慰。人是社会的、合群的和有感情的高等动物。痛苦再加孤寂，痛苦倍增；痛苦有人分担，痛苦减半。"患难见真情"，安慰如"雪中送炭"，能给不幸者以温暖、光明和力量。给予不幸者以安慰，是为人处世的一种美德。当朋友遭到不幸时，及时送上真诚的安慰，是你应尽的责任。

　　一个夏日的傍晚，一位少妇投河自尽，被正在河中划船的老船夫救起。老船夫关切地问道：

　　"你年纪轻轻，为什么要寻短见呢？"

　　少妇哭得凄凄惨惨，说：

　　"我才结婚一年，丈夫就抛弃了我，我活着还有什么意思呢？"

"那我问问你，你一年以前是怎么过的呢?"老船夫问道。

少妇回忆起自己一年前的美好时光，她眼前一亮:

"那时我自由自在，无忧无虑，对生活充满了希望。"

"那时你有丈夫吗?"老船夫又问。

"当然没有啦。"少妇答道。

老船夫说:"那么你不过是被命运之船送回到一年前，现在你又自由自在、无忧无虑了，你也没损失什么啊。"

少妇想了想，说:"说来还真是这样，我怎么会和自己开了这么大一个玩笑呢!"说完，又重新充满了希望。

人在悲伤的时候，总会认为未来的生活毫无希望，从而失去对生活的兴趣，老船夫让少妇回忆起过去的美好生活，让少妇明白生活中还是有很多让人快乐的事情，重新点燃了她对生活的希望之火。后来，他们成了一对忘年之交。

生老病死是自然规律。人在生病以后，情绪会很低落，经常会心烦意乱、胡思乱想。这时是非常需要亲人、朋友安慰的。你如果能够及时安慰病人，他们的心情就会好转些，并对你表示感激。不过，安慰人应当讲究一些技巧，这样才能达到安慰患者的目的。

要了解情况，有针对性地同病人进行交谈。

了解情况，是指对病人的病情、思想状况和实际情况，以及有关疾病的基本医药卫生知识有所了解。根据患者在住院期间的不同状况来进行各种安慰。

例如，有的慢性病患者由于治疗时间较长，容易产生放弃希望的想法。对此，要多给他讲一些逆境是人生都会遇到的，坚定信心，一定可以恢复健康的道理，劝慰病人在医院安心治疗，不要有头无尾，功亏一篑。有的病人可能较多地考虑经济负担等实际问题，对此则应该劝他们着眼于健康，注意调养，并建议通过医保解决问题。有的病人对自己所患疾病缺乏信心，遇到这种状况，就应该多介绍一些别人得了同类的病而经过治疗最终痊愈的事例，这样就可以减少患者及其家属的忧虑。

交谈中尽量多谈一些患者感到愉快、宽心的话题和事情。安慰病人的目的在于让病人精神宽松，早日恢复健康。因此，在安慰对方时，绝不能与其谈论有可能增加忧虑和不安的消息与话题。在病人谈论病情和感觉时，应当认真聆听，以便从中发现一些对病人有利的因素。随时接过话题，对病人进行安慰。

中央电视台著名主持人赵忠祥有一次去某精神病医院采访一位女患者。编辑的采访提纲中原先拟好的问题是："你什么时候得的精神病？"赵忠祥感到这话过于刺激患者，就改用委婉亲切的问法："您在医院住多久了？""住院前觉得怎么不好呢？"几句和蔼可亲、婉转温和的问话，一下子缩短了交谈双方的距离，那位原是小学教师的患者感到来访者亲切可信，回答问题时也显得自然恳切。她说："最近，我快出院了，我非常想念我的学生们。我真想快一点治好病，能为教育孩子贡献一份我的力量。"语言诚恳感人，谈得十分投机。赵忠祥马上接口讲："您很快就要出院了，真为您高兴。今天咱们这段谈话已经录了像，过几天在电视里播放，我想您的学生看到您的身体恢复了健康，也一定会很高兴的……"

在交谈过程中，还要特别注意语气语调的运用。病痛在身的人，十分需要他人的安慰，因而对探望者的语气语调特别敏感。所以，探望者要努力使自己在交谈时音量适当，语气委婉，感情真挚。要尽量使患者在你探望后感到心情愉快和轻松。这样，有利于减少疾病给患者带来的心理压力，有助于患者恢复健康。

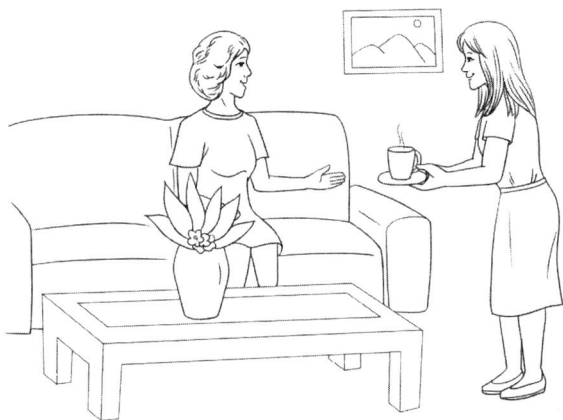

安慰人
要有逻辑顺序

你可以做下面这个实验：

准备三杯水，一杯冷水，一杯热水，还有一杯温水。 先将手放在冷水中，再放到温水中，你会感到温水很热；但是如果你先将手放在热水中，再伸入温水中，就会感到温水很凉。

同一杯温水，温度并没有发生变化，却怎么出现了两种不同的感觉呢？ 这种奇妙的现象就是冷热水效应。 这种现象的出现，是因为人人心里都有一杆秤，只不过是秤砣并不一致，也不固定。 随着心理的变化，秤砣也在变化。 当秤砣变小时，它所称出的物体重量就大，当秤砣变大时，它所称出的物体重量就小。 人们对事物的感知，就是受这秤砣的影响。

这种冷热水效应同样也存在于说话中，在与人交谈时，也许很多人都不太注意说话顺序，可事实上，不同的说话顺序，对别人的心理影响大不相同，这就是冷热水效应。 所以，说话并不是简单地表达而已，必须注意话语间的逻辑顺序。 正如北大教授陈平原所说："好话可不好说，既要有教育意义，又不能讨人嫌。"

说话需要有逻辑性，如果一个人说话没有什么逻辑，那他说的话就显得混乱不堪，很难取得别人的理解。这就告诉我们，在说话前要认真考虑清楚，要言之有序。安排顺序，要以听者是否理解为准。我们在安慰他人的时候也是这样，只有安排好说话的顺序，想好先说什么、后说什么，才能取得想要的效果。

一次，一架客机即将着陆时，机长突然通知，因为机场拥挤，无法降落，估计到达时间要推迟1小时。机舱里立即出现一片埋怨之声。几分钟后，乘务员通知说，再过30分钟，飞机就会平安降落。乘客们如释重负地松了口气。又过了5分钟，广播里说，此刻飞机就要降落了。虽然晚了十几分钟，乘客们却喜出望外，纷纷拍手相庆。

在这个事例中，机组人员无意之中运用了冷热水效应，首先使乘客心中的"秤砣"变小，当飞机降落时，对晚点这个事实，乘客们不但不厌恶，反而异常兴奋了。

化妆品女皇玫琳·凯年轻时曾经有过这样的经历。

一天，她在海边看到了一位女孩，脸上写满了忧郁与哀愁，还挂着泪痕。玫琳·凯微笑着走上前去，问她："你好，我叫玫琳，能跟你说几句话吗？"

女孩并不愿意理她，依然在那里感受着落寞。玫琳·凯继续温柔地说："虽然你心情非常糟糕，显得有些忧愁，但你依然很美。你有什么伤心痛苦的事情，可以跟我说说吗？"

她想了一会儿，就跟玫琳·凯倾诉了起来。当她说得动情时，还流下了眼泪。而玫琳·凯一直以真诚的眼神看着她，用心倾听她的倾诉，并不时点头回应。玫琳·凯的聚精会神，让女孩感觉到了一种关注和理解。最后，女孩还说，自己今天来海边，就是想结束自己生命的。因为自己爱上的那个人，事业有成后就把她抛弃了。

玫琳·凯听后，先是为女孩感到难过，还气愤地大骂那个男人有眼无珠。然后安慰女孩说："吃一堑，长一智。"最后，她真诚地鼓励女孩："你放心吧，天底下好男人多的是，你一定会找到一位责任心强且很有爱心的男人的。你看你长得多漂亮，连我这样的女人都喜欢，更何况是男人呢。所以，你一定要振作起来。"

最后，女孩用极其感激的语气对玫琳·凯说："从来没有人和我说过这么多话。我感觉到今天才算是真正地认识了自己。我相信，活下去会是很美好的。"

如果玫琳·凯在安慰女孩的时候开口就说："不用在这种事上纠结"，想必很难让女孩得到真正的安慰，甚至还会被女孩反驳，但她用"吃一堑，长一智"说到了女孩的心坎上，最后用真诚和赞美让女孩重拾希望。由此可见，安慰别人的确要讲究语言顺序。

当一个情绪低落、心情郁闷的人向你倾诉时，你最好仔细想一想该按照怎样的逻辑顺序安慰他。同时，安慰一个人的时候尽量不要语无伦次。最好能先营造一种"我希望你能打起精神来"的氛围。这样在安慰人的时候你说出的安慰的话就能如春雨一般滋润心田了。比如，有同事跟你开诚布公地说："上星期，我和女朋友分手了。"这时，如果只重复感情用语的话，你只需要重复"分手了"这三个字即可。

宾夕法尼亚州立大学的一位心理学家曾做过一项关于重复对方说话效果的实验。

他随机选取了90多名女大学生，让她们与事先雇用的"情绪低落者"进行对话聊天。对话过程中，50%的女大学生在安慰他人时都先表示了"希望你过得好"或"希望你能振作起来"，而另外50%的女大学生则仅仅是"用简单的语言安慰着"。

结果表明，前半部分女大学生的聊天时间要比后半部分长出27%，而"情绪低落者"对于其好感度也要高出11%。这个实验告诉我们，在安慰人的过程中，先说什么后说什么非常重要，也就是说，语言的逻辑同样适用于安慰他人的谈话中。

人的情绪总会有低落的时候，心烦意乱、胡思乱想也是人之常情。如果你能够在一个人低落的时候准确地传达自己的安慰，他的心情就会好很多，并对你表示感激。

总之，安慰他人是为了帮助他人走出情绪低落的阴霾，鼓励他们战胜困难，激发他们积极向上的勇气。因此，在安慰他人时要做全盘细致、周密的考虑，懂得什么样的话该放在前面说、什么样的话应该放到后面说。

安慰人要有逻辑顺序

说话的逻辑性直接影响着聊天效果

劝说别人时，应该让道理层层推进，才能让听者心里的迷雾层层拨开，看到希望。

即使批评，
也要用心聆听

　　一个人无论在什么时候都要虚心接受他人的批评，然而，真正能够做到这一点的人却不多。 有的人总是刚愎自用，受不得半句批评；有些人当面千恩万谢地接受了，转身却忘得一干二净；有的人当面硬不认错，死要面子，其实心里也清楚自己做错了。

　　面对批评，这些做法都是错误的，因其既不能达到解决问题的目的，也会给他人留下"固执""傲慢"的坏印象。

　　对待批评，正确的态度应该是从积极的方面来理解，特别是严厉的批评。 应该把朋友的批评看作改进自我、完善个性、克制情绪、提高心理承受力以及激发斗志的机会。

　　乔治·罗纳住在瑞典的艾普苏那。他曾在维也纳当了很多年律师，但是在第二次世界大战期间，他逃到瑞典，一无所有，需要找一份工作。因为他懂好几国的语言，所以希望能在一家进出口公司里找到一份秘书的工作。绝大多数公司都回信告诉他，因为正在打仗，他们不需要这一类人，但他们会把他的名字存在档案里……不过有一个人在写给乔治·罗纳的信上说："你对我生意的了解完全错误。你既蠢又笨，我根本不需要任何替我写信的秘书。即使我需要，也不会请你，因为你甚至连瑞典文也写不好，信里全是错字。"

当乔治·罗纳看到这封信的时候，简直气得发疯。那个瑞典人居然写信说他不懂瑞典文是什么意思！那个瑞典人自己写的信才是错误百出。

乔治·罗纳当时就写了一封信，目的是使那个人大发脾气。后来，他停下来对自己说："等一等，我怎么知道他说的是不是对的？我学过瑞典文，可是这并不是我的母语，也许我确实犯了很多自己并不知道的错误。如果是那样的话，那么我想要得到一份工作，就必须继续努力学习。这个人可能帮了我一个大忙，虽然他本意并非如此。他用这么难听的话来表达他的意见，并不表示我就不亏欠他，所以应该写封信给他，在信上感谢他一番。"乔治·罗纳撕掉了他刚刚写的那封骂人的信。

乔治·罗纳另外写了一封信说："你这样不嫌麻烦地写信给我实在是太好了。对于我把贵公司的业务弄错的事我觉得非常抱歉。我之所以写信给你，是因为我向别人打听，而别人把你介绍给我，说你是这一行的领导人物。我并不知道自己的信上有很多语法上的错误，我觉得很惭愧，也很难过。我现在打算更努力地去学习瑞典文，以改正我的错误，谢谢你帮助我走上改进之路。"

没过几天，乔治·罗纳就收到那个人的信，请罗纳去找他。罗纳去了，而且得到了一份工作，乔治·罗纳由此发现温和的回答能消除怒气。

的确如此，我们都应该接受来自他人的善意批评，因为人非圣贤，孰能无过，而且往往错的时候比对的时候多。爱因斯坦就说过，百分之九十九的时间他的结论都是错的！

缺点、错误是一个人成功的大敌，而他人指出你的缺点，就是要引起你的警觉。如果不能善待他人的批评，那你的缺点、错误就永远无法改正。

不要把他人的善意批评，想象成对自己的人身攻击；切忌把他人的意见误会为给自己的难堪。善意的批评是人生中不能缺少的。

请不要怀着敌意来看待批评，因为忠言逆耳，你要仔细聆听，了解他人的批评是否具有建设性。它能让你变得足智多谋、沉稳成熟。若懂得冷静聆听批评，既能保持情面，又对加深友谊具有积极的意义。固然有些批评是尖酸刻薄的，你也要淡化处理，只有这样他人才会越来越喜欢给你以忠言和卓见。

在他人的批评面前，反击、争辩或是无礼都无济于事，对这样的批评进行无关紧要的纠正，只会让其演化成更严重的问题。

所以，要学会把他人的批评当成宝，乐于接受建设性的批评并且遵照执行。以下这些方法将指导你更好地对待批评：

1. 想一想到底是不是自己的错

先把利己主义抛到一边，如果朋友批评得有道理，就要客观地倾听他们的看法，并切实了解清楚，接下来应该想想如何解决问题。

2. 不要寻找替罪羊

不要试图争辩、迁怒他人或是矢口否认，以为事情能就此淡化。解释往往会被看成借口或否认。

3. 要合作，不要对抗

即使因为并不相干的事情受到了批评，也不一定非要选择对抗性的做法，不要给人留下"小家子气"的印象，多一些容人之量，和对方一起找到真正的问题才是解决之道。

站在对方的角度，
聊天的效果大不同

    话为心声，也为情声。生活在这个复杂的社会里，人与人之间的交往是沟通感情的基础。人非草木，孰能无情？在日常生活中，与他人谈话，一定不要轻易使用否定的语言回应对方，每个人都渴望从他人那里得到认可和肯定的回应。

    美国著名心理学家卡瑟拉博士曾经颇富成效地帮助过许多人，使他们走出低谷，步入佳境。有人问道："卡瑟拉博士，你帮助别人，最倚重的是什么？"卡瑟拉博士毫无遮掩地公开了她的秘诀："我使用了一种奇妙无比的方法，它具有一种神奇的力量，使我能够让哑巴讲出话来，让灰心失望的人展露笑容，让婚姻遭遇不幸的夫妻重新和睦。接受我诊治的人，无论是精神分裂症患者还是正常人，这种力量都是我所知道的所有力量中最富效果的。这种力量就是——在回应对方的时候给予对方真诚的鼓励和肯定而不是否定对方。"

    然而，并不是每一个人都能做到这一点。在与别人交谈的过程中，有些人会不自觉地伤害到对方。表面上看起来，他们没有做出什么无礼的举动，也没有谈论到不愉快的事情，但只要交谈的时间一长，就会让人感到疲惫，只想快点结束谈话。原来，这种人与人交谈的方式存在着很大的问题。让人愉快、影响对方情绪的交谈方式，并不单纯是指口才水平。有时，口才好的人反而更让人厌恶，因为在交谈中，他们喜欢否定对方的观点。

　　张欣："今天的天气真热啊！"

　　王琳："是啊！可是昨天的天气比今天还热。"

　　张欣："这么热，最好是吃凉面！"

　　王琳："难道你不知道吗？在酷热的夏天，吃凉的食物对身体不好。除了凉面还有没有更好的东西呢？"

　　张欣："你觉得鸡汤怎么样？"

　　王琳："这么热的天，吃那种东西会出一身汗啊！还是吃凉菜和米饭吧！"

在上面的谈话中，乍一看王琳说的话并没有什么不对的地方，好像也并没有什么会影响张欣情绪的内容，但如果这番对话持续下去，张欣必然会感到极度疲劳。那是因为，无论张欣说出多么平常的话题，王琳都会持否定的态度去否定对方的话，即使她同意张欣对天气的看法也会绕个弯予以否定。

事实上，像上面的这种对话方式，会让张欣很快就会发觉王琳不但不接受自己的观点，而且不停地反驳，说出的话都一一反弹回来，因此会在不知不觉中感到压抑，甚至会产生对方不尊重自己的想法。如果跟王琳这类人谈话，为了得到她的认可，而忙于挑选顺应对方的话题，就会一直处于疲于应付的状态。可想而知，这种交谈无论如何都让人愉快不起来。

每个人都应牢记这样一个回应对方的原则，那就是不要轻易否定对方，因为你的一句否定很容易给对方造成创伤，甚至会留下很深的伤痕。这是因为人类大脑中管理情感的区域拥有很强的记忆力，因此你永远都无法抹去创伤所烙下的疤痕，而且每当遇到类似的情况时，潜伏在内心深处的伤痛就会死灰复燃。

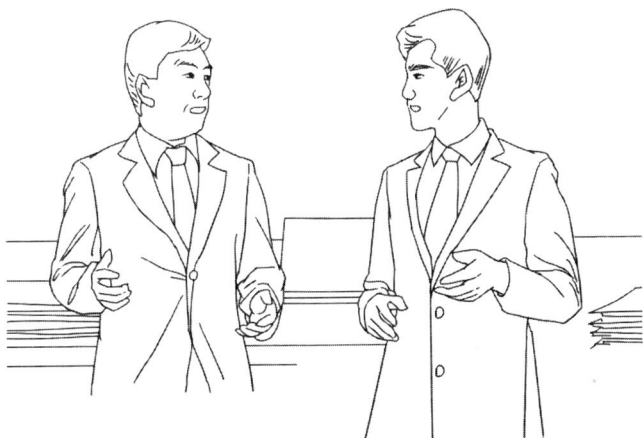

无论遇到什么样的情况，都不能轻易说出否定别人的话。这一点我们都该向石油大王洛克菲勒学习。

有一次，洛克菲勒的一个合伙人爱德华·贝德福特在南美的一次生意中使公司损失了 100 万美元。然后，贝德福特丧气地回来见洛克菲勒。洛克菲勒本可以指责他的过失，但是他并没有那样做。他知道贝德福特已经尽力了，更何况事情已经发生了，不能因此就把贝德福特的功劳全部抹杀。于是，他极力寻找一些话题来安慰贝德福特。他把贝德福特叫到自己的办公室，对他说："这太好了，你不仅节省了60%的资金，而且也为我们敲了一个警钟。我们一直都努力，并且取得了几乎所有的成功，可还没有尝过失败的滋味。这样也好，我们可以更好地发现自己的错误和缺点，争取更大的胜利。更何况，我们也并不能总是处在事业的巅峰时期。"几句话下来，说得贝德福特心里暖洋洋的，并下决心准备东山再起。

洛克菲勒在爱德华·贝德福特给公司带来重大损失的情况下，也没有否定对方，反而给了其温和的赞美和鼓励，这正是爱德华·贝德福特所需要的，事实证明，洛克菲勒的做法极其正确，爱德华·贝德福特后来为公司带来了可观的利润。由此可见，无论什么时候都不应该用否定的话轻易否定一个人。人都是脆弱的，有时候你的一些否定的话，可能会给他人带来难以磨灭的负面影响。

在办公室，有年轻的女同事美容回来了，问一男同事怎么样。一般应该说，"不错，很好"。而他却是有好说好，有坏说坏。他曾经指责过同事眉毛不该描，描成假的，没有原来真的好看，弄得人家心情大坏，半天不说一句话。又比如有一次，一位女同事买了一件新衣服回来，非常高兴地问他好看不好看。他实事求是地来了一句："衣服颜色与你的皮肤不般配。"害得人家衣服穿在身上也觉得不舒服。

用五感语言
与对方互动

　　一般来说，人们在用语言进行表达的时候，至少会使用五感（听觉、视觉、嗅觉、味觉、触觉）中的一种。 在不同的表达当中，我们可以发现人们不同的感觉运用。 比如对于"你觉得那个人怎么样啊"这一问题，有的人会回答"他看上去很漂亮"，做出这一回答的人在表达中主要运用了视觉；有的人会回答"他给人的感觉特别舒服"，做出这一回答的人在表达中比较注重身心感受，也就是触觉；还有人会说"他的声音很好听"，这样回答的人则在表达中运用了听觉……

　　在谈话中对他人做出回应的时候，如果你能注意对方所用的语言，找出对方用哪种感觉表达最多，然后配合使用同样感觉的词语，就会让对方在无意识中感到"与你很投缘"，你与他的谈话就可以顺利地进行下去了。 比起普通话，说家乡话更有亲切的感觉，就是这个道理。

◆ 学会换位思考，你说的话人人都爱听 ◆

我爱上的那个人，把我抛弃了。

那个人有眼无珠，离开他是幸运的。你长得这么美，一定会遇到一位懂得欣赏你的人。

安慰别人要感同身受
设身处地为对方着想，准确地传达自己的安慰。

祝贺呀，毕业一年就升为业务经理了。

没什么，老友过奖了。主要是这儿的风水好，领导和同事抬举我。

用谦虚的态度回应别人
人们都喜欢说话态度谦虚和善的人，讨厌态度傲慢、高人一等的人。

我们上高中时打通铺，一排人都睡在铺着稻草的长炕上。但我们都是一群仰望星空的人哦。

真想穿越回你们那个清纯的年代。

用五感语言与对方互动
和对方使用同样的五感语言，有意识地配合对方互动，才容易形成共鸣。

不久前，老张出差住在一家旅店，一个先他入住的人悠闲地躺在床上欣赏电视节目。老张放下旅行包，稍稍洗了一下，冲了一杯浓茶，对那位先他而来的人说："师傅来了多久了？""没多大一会儿呢。"那人回答道。

"听口音是北京人吧？"老张问。

"哦，保定的！"那人答道。

一听那人是保定的，老张顿时兴奋了起来，因为工作原因，老张曾在保定待过几年，也能把保定话说得差不多，于是，老张马上用保定话和那人聊起来："啊，保定是个好地方啊！我在读小学时就在《平原枪声》的连环画上知道了。我还在保定工作过几年呢，白洋淀的雁翔队的故事我可喜欢看了！"

听了这话，那位保定的客人马上来了兴趣，两人从白洋淀和雁翔队谈开了，那亲热劲儿，不知底细的人恐怕会以为他们是一道来的呢。

他们从相识、交谈到最终的熟悉，就在于老张聊到了对方的身心感受，和对方使用了同样的听觉语言——听家乡的方言更加亲切。

和对方使用同样的五感语言，在你面对让自己一见倾心的人时，会有意想不到的效果，和对方使用同样的五感语言，有意识地配合对方的感受，会让对方觉得你们投缘。

毛鑫和余英在某个培训班上相识，在一次课堂讨论上，毛鑫被余英优雅的气质和聪颖的观点深深吸引住了。

下课后，毛鑫走到余英桌子旁，说："你好，刚才你的演说非常精彩。我很赞成你其中的……"

余英饶有兴趣地和毛鑫讨论了一会儿，这时，毛鑫突然问道："你是哪里人？"

"南京市的，我是南京晓庄学院毕业的。"

"是吗！太巧了，我也是南京晓庄学院毕业的。你是哪一届的？记得，那时学校里……"

于是，双方的共性找着了，毛鑫就从学校生活开始回忆，和余英愉快地交谈起来了。

在回应他人的时候，一定要做到耳到、眼到、心到。因为只有五感到位，你才能通过巧妙的应答把别人引向你所需要的方向或层次，这样一来你就可以轻松掌握谈话的主动权了。事实上要做到这点并不难，只要你用心观察和寻找，终究是可以和对方使用同样的五感语言的。剩下的就是鼓足勇气，自己说出得体的话来，这样一来，相信对方一定会被你打动的。

用五感语言与对方互动

小丽是最棒的设计师，张哲是很优秀的架构师，明华是水平很高的运维工程师，你们是咱们公司的脊梁。

肯定对方，给对方一个美名

突出每个人的特点，表扬这个长项，他们会更乐于接受你。

你的气色好多了，可以休息一段时间再去上班。

关心人要设身处地为他着想

切实站在对方立场，你说的话才能走心。

现在都用电脑了，能写出这么漂亮的字的人真是不多了。

肯定和赞美是一种神奇的力量

字是一个人的另一张名片。赞美字就是赞美一个人的内在之美。

在与他人谈话的时候千万不要轻易否定别人，每个人都有闪光的一面，对别人说"你能行"不是奉承，而是给他寻找自己闪耀点的支撑，今天可能他是个庸人，但明天就可能是某个领域的成功人士。

聊天懂幽默，
交流的氛围更和谐

拿自己
幽默一下

如果你很风趣幽默，你便可以原原本本地接受自己的身高、体重或其他身体特征；你也会以新的眼光去看待生活中的不如意。也许你无法得到真诚的爱，但是你能使你的人际关系充满温暖和谐——与人分享欢乐，甚至和仅仅有一面之缘的人也会有很好的关系。

自嘲就是自己对自己幽默。是消除自己在沟通中胆怯的良方。

自嘲是运用戏谑的语言，向别人暴露自身的缺点、缺陷与不幸。说得俗一些，就是把脸上的灰指给对方看。

古人云："醉翁之意不在酒。"自嘲同样是这个道理。其有着独到的表达功能及实用价值。

长篇小说《围城》重版，《谈艺录》与《管锥编》问世以后，钱锺书的名声日盛，求访者愈来愈多，钱锺书有不愿意接受访问的脾气。有一天，有一个英国女士打电话给他，要求拜访，钱锺书在电话里说：

"如果你吃了一个鸡蛋感觉很好，又何必认识那只下蛋的母鸡呢？"

在这里钱锺书自比"母鸡"，虽然是有意贬低自己，但却是在说英国女士没有必要来拜访他。

正如人们喜欢谈论一些关于别人的笑话一样，在适当的时候，也要拿自己开开玩笑，要善于自嘲。

美国著名的律师乔特是最善于讲关于自己笑话的人。有一次，哥伦比亚大学的校长蒲特勒在请他做演讲时，曾极力称赞他，说他是"我们的第一国民"。

这实在是一个卖弄自己的绝好机会。他可以自傲地站起来，一副得意扬扬的神气，仿佛是要对听众说："你们看，第一国民要对你们演讲了。"

但是聪明的乔特并没有如此。他似乎对这种称赞充耳不闻，却转而调侃自己的"无知"。这种自嘲很快博得了听众的好感。

他说："你们的校长刚才偶然说了一个词，我有点听不太懂。他说什么'第一国民'，我想他一定是指莎士比亚戏剧里的什么国民。我想，你们的校长一定是个莎士比亚专家，研究莎士比亚很有心得，当时他一定是想到莎士比亚了。诸位都知道，在莎翁的许多戏剧中，'国民'不过是舞台的装饰品，如第一国民、第二国民、第三国民，等等。每个国民都很少说话，就是说那一点点话，也说得不太好。他们彼此都差不多，就是把各个国民的号数彼此调换，别人也根本看不出有什么分别的。"

这实在是一种非常聪明的方法，乔特使自己与听众居于同等的地位，拉近了自己与听众的距离。他不想停留在蒲特勒所抬举的那种高高在上的地位上。如果他换一种说法，用庄重一点的言辞，比如，"你们校长称我为第一国民，他的意思不过是说我是舞台上的一个无用的装饰品而已。"虽然表达的意思是一样的，但是绝对不能把那种礼节性的赞词变为一种轻松的笑话，也绝对不会取得那样的效果。

无论是在一帮很好的朋友中，还是在一大群听众中，能够想出一些关于自己的笑话，能够适当地自嘲，是赢得别人尊敬与理解的重要方法，远远要比开别人玩笑重要得多。拿自己开开玩笑，可以使我们对世事抱有一种健全的态度，因为如果我们能与别人平等地相待，就可以为自己赢得不少的朋友。相反，如果我们为显示自己是怎样的聪明，而拿别人开玩笑，以牺牲别人来抬高自己，那我们一生一世也难以交到一个朋友，更不用说距离成功有多遥远了。

成功的人士从不试图掩饰自己的弱点，相反，有时他们会拿自己的弱点开开玩笑。而现实生活中，我们却经常遇到一些专喜欢遮掩自己弱点的人，他们也许脸上有些缺陷，也许所受教育太少，也许举止粗鲁，他们总要想出方法来掩饰，不让别人知道。但这样做以后，他们却于无形中背弃了诚恳的态度。毫无疑问，与之交往的朋友会对他们形成一种不诚恳的印象，使人们不敢再与他交往。

世界上最不幸的就是那些既缺乏机智又不诚恳的人。很多人常常自以为很幽默，经常喜欢拿别人开玩笑，处处表现出小聪明，结果弄得与他交往的人不敢再信任他，以前的朋友也会敬而远之，纷纷躲避。

适当地拿自己开开玩笑吧，这不仅是一种机智的方法，更是驱散忧虑、走向成功的法宝。

反常规，
让你的聊天对象忍俊不禁

　　类比幽默法是指把两种或两种以上互不相干甚至是完全相反的、彼此之间没有联系的事物放在一起对照比较，显得不伦不类，以揭示其差异之处，即不协调因素。

　　在类比幽默法中，对比双方的差异越明显，对比的时机和媒介选择越恰当，所造成的不协调程度就越强烈，对方对类比双方差异性的领会就越深刻，所造成的幽默意境也就越耐人寻味。

　　人们的日常生活和科学研究一样，凡分类都是约定俗成，得用同一标准，否则，必然造成概念的混乱，导致思维无法深入进行。人们从小就训练掌握这种最起码的思维技巧。如：猪、牛、羊、桃就不能并列在一起，人们会把桃删去，这是科学道理，但并不幽默。

　　在类比分类时要产生幽默的趣味恰恰要破坏这种科学的逻辑规律，对事物加以不伦不类的并列。

赵阿婆的女儿吵着要买嫁妆，赵阿婆气恼地说："死丫头，你的婚事也不和我商量，东西我不买！"

母女大吵起来，引得许多邻居来看。

邻居陈伯站出来说："你不能怪她没和你商量啊！"

赵阿婆问："为什么？"

"你当年成亲时不是也没和女儿商量吗？"陈伯反问道。

赵阿婆一时语塞。女儿却高兴起来，陈伯又转身对姑娘说："你妈不给你买是不对，可你妈出嫁时，你给她买了吗？人要彼此一样才好呀！"

母亲成亲和女儿商量与母亲成亲女儿买嫁妆并列一起，都是不可能的事，意思完全相反，差异巨大，但说明了母女二人争吵的理由，是都没有为对方着想。因此，经陈伯如此点化，母女二人不得不心服口服。

类比幽默法是个反常规的坏孩子，它借着一丝灵气，将事物不伦不类地加以归类，因其具有简便的特征，常为人们所使用。

星期六，一位年轻人照例进城卖鸡蛋。他问城里常打交道的中间商："今天鸡蛋你们给多少钱一个？"

中间商简单地回答："两美分。"

"一个才两美分！这价真是太低了！"

"是啊，我们中间商昨天开了个会，决定一个鸡蛋的价格不能高于两美分。"

年轻人摇摇头，很无奈，但也只好将蛋卖掉回去了。

第二个星期六，这个年轻人照例进城了，见的还是上次那个中间商。中间商看了看鸡蛋，说："这个星期你的鸡蛋太小了。"

"是啊，"年轻人说，"我们的母鸡昨天开了一个大会，它们作出决定，因为两美分实在太少，所以不能使劲下大蛋了。"

一个是人开会，一个是鸡开会，并列一比，妙趣横生。

类比幽默的幽默感是"比"出来的，其情趣也是"比"出来的。这样就有利于对方心理上接受。我们看下面一例：

有一位中学生，成绩很好，几乎每次考试都是全班前两名。有次她考到第五，她妈妈生气地说："去年我为你感到骄傲，这次你怎么了，你曾经是班上考得最好的呀！"

女儿微笑着说："每个同学的妈妈都想为自己的孩子考第一而骄傲。如果我老是第一，他们的妈妈可怎么办呀？"

这个中学生妈妈的心情和其他孩子妈妈的心情相比，两种心情完全相反，其趣就生于此。

人们都清楚，在微妙的男女关系里，有不少玄妙的心理因素支配着。要是你能巧妙地掌握和运用类比幽默法把这些因素拿来为自己服务，你将在与异性相处时处于主导地位。

女朋友："我得告诉你，今天我接吻了五次。"

男朋友："什么？你说你今天是第五次接吻了？"

女朋友："是！"

男朋友："还有四个，是谁？"

女朋友（故意停顿一下）："苹果、橘子、蔷薇、姐姐的孩子。"

这里的幽默之趣就出在那不相称的排列上，会让男朋友永远记住这一次的吻，并对你的智慧和幽默另眼相看。

使用类比幽默法时，要注意将智慧和超脱精神结合起来，因为你的智慧能帮你选择多种类比对象，而你的超脱精神则能保证你不受一些不合理或常规思想的束缚。当你使用幽默法时，不妨参考一下先辈前人在这方面所留下的经典范例，从中你可以得到不少经验。

反转式幽默，
巧妙化解麻烦

反向求因幽默法就是在推理过程中钻空子，特别是往反面去钻空子，把极其微小的巧合的可能性当作立论的出发点。

反向求因法的特点，就是把一个极其微小的可能性视同必须的结果，然后去追寻原因，从而产生一种没有逻辑性的喜剧效果。 是另一种完全否定了原来因果关系的幽默方法。

一位叫约翰的病人问医生："我能活到90岁吗？"

医生检查了一下约翰的身体后，问道："你今年多大啦？"

病人说："40岁。"

"你有什么嗜好吗？比如说，喜欢饮酒、吸烟、赌钱、女人，或者其他的嗜好？"

"我最恨吸烟、喝酒，更讨厌女人。"

"天哪，那你还要活到90岁干什么？"

会幽默，全世界都欢迎你

张姐是我们公司最能干的人，已经是两个孙子的奶奶啦。

那我怎么办？我也不能当女人呀。

拿自己幽默一下
家不是讲理的地方。如果善用幽默，就可以轻松化解矛盾。

你不配当一个男人。

你的嘴上可以挂一个酱油瓶。

幽默是快乐的催化剂
它可以帮我们摆脱种种烦恼。

本来病人的期待是：戒绝烟酒女色能得到肯定的评价，其结果不但相反，还把这一切当成了生命意义。否定这一切，就否定了活到 90 岁的意义，医生的意思就是这一切的价值高于长寿的价值，鼓励他要热爱生活，并不需要单纯追求生命的长度。

有一次，萧伯纳收到英国著名女舞蹈家邓肯寄来的一封热情洋溢的信。

信中说，如果他俩结合，养个孩子，那对后代将是好事，"孩子有你那样的脑袋和我这样的身体，那将会多美妙啊！"

在回信中，萧伯纳表示受宠若惊，但他不能接受这样的好意。他说：

"那个孩子的运气可能不那么好，如果他有我这样的身体和你那样的脑袋，那可就糟透了。"

萧伯纳用的方法就是反向的求因法，他是向反面钻空子，把哪怕是极其微小的巧合的可能性当成立论的出发点，构成对方期待的落空。在这里，萧伯纳幽默且巧妙地把自我调侃（长得不好看）和讽喻他人（脑袋不聪明）结合在一起了。

爱因斯坦初到纽约，在大街上遇见一位朋友，这位朋友见他穿着一件旧大衣，劝他更换一件新的。爱因斯坦回答说：

"没关系，在纽约谁也不认识我。"

几年以后，爱因斯坦声名大噪。这位朋友又遇见他，他仍然穿着那件大衣。这位朋友劝他去买一件新大衣。爱因斯坦说：

"何必呢，现在这里的每一个人都认识我了。"

爱因斯坦的过人之处不仅在于淡泊，而且在于肯定相同衣着时，却运用了形式上看来是互不相容的理由，以不变应万变。不管情况怎么变幻，行为却一点也不变。

反向求因幽默法在人际交往中很有实用价值，它能让你在情况极端变幻的情况下，找到有利于自己的理由，哪怕互相对立的理由，也都能为己所用。

当然，这种幽默法的功能不但能用于缓和人与人之间的紧张关系，有时也可以用相反的目的，使人与人之间的关系保持紧张。

马克·吐温有一次在回答记者提问时说："美国国会中有些成员是婊子养的。"

国会成员们都大为震怒，纷纷要求马克·吐温澄清或道歉，否则便要诉诸法律。

几天以后，马克·吐温的道歉声明果然登出来了：

"日前本人在酒席上说有些国会议员是婊子养的。事后有人向我兴师问罪，经我再三考虑，深悔此言不妥，故特登报声明，把我的话修正如下：'美国国会中有些议员不是婊子养的。'"

表面上是马克·吐温做了180度的大转弯，实际上是他做了一个概念游戏，"有些是"就意味着有些不是，而"有些不是"就意味着有些是。 在形式上是从肯定到否定，而实际上是否定暗示着肯定。

对于某些不守规矩的人，尽可以使用这种颠倒法，让他受到一定的教训。

阿凡提当理发师时，大阿訇来剃头总是不给钱，阿凡提想找机会整治他一下。

有一天，大阿訇又来理发。阿凡提先给他剃光了头，在刮脸的时候，问道："阿訇，您要眉毛吗？"

"要，当然要！"

"好，您要我就给您。"阿凡提说着"嚓嚓嚓"几刀，就把阿訇的两条眉毛刮了下来，递到他手里。阿訇气得说不上话来。

"阿訇，胡子要吗？"阿凡提又说。阿訇连忙改口说："不要！不要！"阿凡提连声说好，又是几刀，把阿訇的胡子也全部剃了下来。

再看下面一个例子：

某甲很穷，但他从来不肯奉承富人。

某富翁说："我有无尽钱财，你为何不奉承我？"

某甲答道："家财是你的，你又不分点给我，为什么要我奉承你呢？"

富翁说："好吧，我把家财分两成给你，你该奉承我了吧？"

某甲笑着说："两成？这样分法太不公平了，我不会奉承你。"

富翁想了片刻说："那分一半给你，总该奉承我了吧？"

"到那时，你我已经平起平坐。"某甲说，"我为什么还要奉承你？"

富翁把心一横说："我把家财全送给你，怎样？"

"哈哈哈！"某甲纵声大笑道，"到那时，你穷我富，该你来奉承我了。"

喜剧性产生于矛盾的层层转化，富翁越是期待奉承，就分给某甲越多的财产；越是多分出财产，就越是减少了被奉承的可能性，直至完全丧失可能。

这种方法的好处并非重新另找一个相反的因果，而是由本身演绎出相反的因果线索来。原来是有财要求奉承，要求奉承的结果变成了无财，而无财却只能去奉承别人。

越荒谬，
幽默色彩越强烈

归谬法，归根结底是将对方的观点归结到荒谬的程度，从而显现其荒谬性，也就在同时，产生了幽默。这在历史上经常可以见到。

以前，有个叫徐雅的读书人，非常爱护树木。一天，他看见邻居正挥动着大斧，砍伐院内一棵枝叶茂盛的大桂树，忙上前阻止说："这棵树长得这么好，您为什么要砍掉它呢？"

邻居叹息道："我这院子四四方方，院中有这么一棵树，正好是个'困'字，我怕不吉利，所以才忍心砍去。"

徐雅听后笑道："依照您的讲法，砍去这棵树后，院中只留下人，这成了囚犯的'囚'字，不是更不吉利了吗？"

邻居听了连连点头称是，收起斧子再也不砍树了。

生活处处皆需幽默

幽默是家庭生活的调味品
夫妻经常用幽默为生活添些佐料，生活会越过越有味。

幽默是一块调色板
生活可以被调得五颜六色。

幽默是家庭生活的保鲜剂
让夫妻感情更经得起岁月的考验。

"囚"比"困"更不吉利，从而使追求吉利的邻居幡然醒悟。

再如，《列子》中记载了下面一个故事。

齐国有一位姓田的大贵族，家里食客千人，异常阔绰。

有一天，田家大摆筵宴，客人中有献上鱼和雁作为礼物的。主人看了很高兴，并感慨地说："上天对我们真优厚啊！你看，这些鱼儿、雁儿，不都是为着我们的口腹享受而生的吗？"客人们听了，点头附和着。

座中有一位鲍家的孩子，还只有 13 岁，站起来说："我不同意你这种说法。人也是天地万物中的一个种类，由于大小智力的不同，生物界有弱肉强食的情况，但并没有什么由上天注定谁为谁生的道理。人类选择可吃的东西做食品，这些东西难道是上天特意为人类创造的？正如蚊子吸人的血，虎狼吃人的肉，也是上天特意要生出人来给它们作食品的吗？"

"上天特意要生出人来给它们作食品"，这显然是荒谬的，13 岁的孩子，比主人的见识还高！

连锁归谬法是归谬法的经典展现，利用连锁反应"一是百是，一非百非"的特点，推出荒唐的结论。我们通常用"连锁反应"一词来表示一事物发展过程中呈现出的严格因果联系，其实在幽默的具体应用中往往也有相同的情况。然而简单而一般的因果推理并不见得就有出其不意的幽默功能，为了将幽默的主题不断推向高潮，强化幽默的效果，还必须将连锁推理与归谬法有机地结合起来。在具体推理过程中用连锁法，在最后结论上用归谬法，这就是这里所说的连锁归谬法的基本程序。

归谬法幽默不仅可以用来批判错误观点，也可以用来教育学生。

　　某小学一位语文老师拿着一叠作文本走进教室，进行作文评讲。作文题目是《记一件好事》，结果全班50个同学中，有40个同学都写自己救了一个落水的小孩。这位语文老师决定要学生重写一篇作文。他这样对学生说：“同学们，这次作文写得好不好呢，我先不下结论，下面先请大家算一道算术题。一个班级50个学生，有40个学生分别救起一个落水小孩，按这个比例，全校1300个学生一共救了多少落水小孩？全国两亿学生一共救起多少落水小孩？”

　　全班学生哄堂大笑起来！许多学生异口同声地说：“老师，让我们重新写一篇真实的！”

这个带有启发性质的归谬法幽默，教育效果是如此之高，学生们异口同声地主动要求重写作文，从另一个侧面展现了归谬法幽默的魅力。

在运用归谬法的时候，所引申出来的谬论要求越荒谬越好，越荒谬幽默色彩越强烈。再看一个古希腊的幽默小故事。

　　一场可怕的暴风雨过去后，一位大腹便便的暴发户对阿里斯庇普说："刚才我一点也没害怕，而你却吓得脸色苍白。你还是个哲学家，真不可思议。"阿里斯庇普回答说："这并不奇怪，我害怕，是因为想到希腊即将失去一位像我这样的哲学家……但是，你有什么可担心的呢？你如果淹死了，希腊最多也不过是损失了一个白痴！"

故事中，阿里斯庇普没有否认自己的害怕，他的聪明之处是在暴发户结论的基础上另辟蹊径，为暴发户的结论做了一个更加幽默的解释，从而将暴发户的结论推上不打自败的境地。这种方法从表面上来看是荒谬的，但实际上通过智慧的转化，往往能够谬中求胜。从这一点来看，它一点也不荒谬，而且处处闪耀着智慧的灵光。

通过这些幽默法的使用，会让我们聊天妙趣横生，增加与人沟通的效果。

聊天避免尴尬，
生活处处皆是话题

家长里短和人生理想
都是话题

现在社会各个方面都需要沟通、需要交流。而人与人之间交流思想、沟通感情最直接、最方便的途径就是语言。出色的语言表达可以使彼此怨恨的人化干戈为玉帛，彼此友好相处；可以使有意见分歧的人互相理解，消除双方的矛盾；可以让彼此陌生的人产生好感，结成友谊……也只有通过出色的语言表达，才可以使相互熟识的人之间产生浓厚的情意，关系之更深。

但我们在生活中经常遇到这样的情况：和他人在一起的时候，不知道该说些什么，即使开口说话了，谈话进行得也是磕磕绊绊的，并不流畅。很多人将这种情况归咎于找不到谈话的话题。造成这种情况的主要原因就是不知道该说什么，感觉总找不到话题交流。其实要想找到话题并不难，聊天的话题存在于我们生活的角角落落，就看你懂不懂得去发掘了。比如当天的新鲜事、体坛新闻、上班的那点事、你有什么愿望等家长里短和人生理想都可以成为你和他人聊天的话题。

◆ 聊天避免尴尬，生活处处皆是话题 ◆

我今天做了一个麻婆豆腐，出奇的好吃。要不要我把方法告诉您？

我这两天正寻思着做麻婆豆腐呢，真是心有灵犀一点通啊。

家长里短皆是话题

话题存在于生活的角角落落，从天气、新闻到家事、天下事，都可成为聊天话题。

我孩子的梦想学校是斯坦福。您能帮我介绍一个人生规划师吗？我得现在就帮他做计划。

没问题。我的一个朋友就是这方面的专家。我介绍你们认识。

和特定人聊特定话题

每个人的背景不同，所以聊天要因人而异。

你们喜欢汪峰的新曲《灿烂的你》吗？

喜欢！汪峰是……

要找到与对方之间的心理挂钩

与人聊天要把握听者的心理，同对方在话题上挂上钩，找到交谈的共同点，越具体越好。

中午休息，在办公室你可以和同事聊聊昨天晚上回家做了什么，比如看了什么电视剧，如果同事也看了，你们就可以再交流一下彼此的看法，聊天的话题自然得到了延伸；如果同事没看但表现出对你说的感兴趣，你就可以跟他讲讲剧情，并时不时地问问他的看法；如果同事对你说的没有兴趣也不要紧，你可以问问他昨天做了什么，并适当地表达自己对其感兴趣，这样一来你就不会觉得没有话题可聊了。在你们的"雄辩滔滔，言之不尽"中，时间就不知不觉飞快地过去了。

另外，你也可以这样展开你和同事的谈话：

你："你昨天晚上吃的是什么啊？"

同事："哦，我昨天自己下厨做的水煮鱼。"

你："真的吗？我也很喜欢吃水煮鱼，就是不知道该怎么做。你能给我讲讲吗？"

这时，一般来说同事就会给你讲解水煮鱼的做法了，在同事讲解的时候你再适时地提问，这样一来话题就得到了有效的延伸。你还愁两人之间没有话题吗？

另外，面对陌生人你也可以将家长里短和人生理想变成彼此之间滔滔不绝的话题。比如，在一个严冬的夜晚，你与一位陌生人见面，"今晚好冷"这句话自然会成为你们之间所使用的开场白。单纯地使用它虽然也能彼此引出一些话题来，但这些话也可能对彼此无关紧要，这样想再深一步地交谈也就困难了。但是，如果你这样说："哦，今晚好冷！像我这种在南方长大的人，尽管在这里住了几年，但对这种天气还是难以适应。"如果对方也是在南方长大的，就会引起共鸣，接着你的话头说出一些有关的事。如果对方是在北方长大的，他也会因为你在谈话中提到了自己的故乡在南方，而对你的一些情况产生兴趣，有了想进一步了解你的欲望，这样就可以把交谈引向深入。 而且把自我介绍与谈话有机地结合，也不致令人觉得牵强、不自在。 人们在不知不觉之中，就放弃了戒备的心理，从而产生了亲切感。

我们每个人都是一个社会人，离不开人际交往。 语言的作用就是人际交往的媒介，不可或缺。 无论在什么环境中，你都不可能避免跟人们交往，那么你就不能不依靠说话来作为交往的媒介。 只有随时找到能使你与他人有所连接的话题，才能为与他人进一步交往打下基础。 话题其实无处不在，从家长里短到人生理想都可以成为你与他人交谈的话题。 即使是一个不擅长在人前高谈阔论的人，在谈及这些家长里短的事时，也不至于紧张。

总而言之，要想在任何时间地点与任何人都能畅所欲言，就要做一个善于找话题的人。 写文章有了好提纲往往会文思泉涌，一挥而就。 交谈也是一样，有了好话题就能使谈话融洽自如。 好话题，就是初步交谈的台阶，深入细谈的基础，纵情畅谈的开始。 找好话题的准则是：至少有一方熟悉，知道对方是什么职业等；能谈大家感兴趣的、爱谈的话题，有展开探讨的余地，使彼此之间距离拉近。 而这些所谓的好话题其实就蕴藏在我们的家长里短和人生理想中。

搜集随时可以
信手拈来的话题

傅斯年说过："一分材料出一分货，十分材料出十分货，没有材料便不出货。"说话同样如此，有多少话题就能说多少话，没有话题就无话可说。如果你能和任何人谈上 10 分钟并使对方产生兴趣，这就说明你已经懂得了怎样找到合适的话题了。人的职业是很广的，不管你是工程师、法学家，还是教师、艺术家、采矿工人，无论哪种职业的人，你若能和别人谈上 10 分钟使他感兴趣的话，就说明你的聊天能力很强。我们经常看到许多人因为对别人毫无认识而相对默然，不知如何聊天。这是很难受的。其实只要你肯下功夫，在日常生活工作中多积累话题素材，这种尴尬的情形是可以避免的。

1924 年 5 月 8 日，印度大诗人泰戈尔在北京度过了他 64 岁寿辰，北京学术界代表在东单三条协和礼堂为泰翁举行了祝寿仪式。

梁启超首先登上讲台，向这位深目隆准、须发皓然的老寿星致祝词："泰翁要我替他起个中国名字。从前印度人称中国为'震旦'，原不过是支那的译音，但选用这两个字都含有很深的象征意味。从阴霾的状态中自然一震，万象复苏，刚在扶桑浴过的丽日，在地平线上涌现出来，这是何等境界。'泰戈尔'原文正合这两种意义，把它意译成'震旦'两字，再好没有了。从前自汉至晋而西来的'古德'（'古德'，就是古代有道德的高僧），都有中国姓名，大半以所来之国为姓，如安世高来自安息，便姓'安'，支娄迦谶从月支来便姓'支'，康僧会从康居来便姓'康'，而从天竺——印度来的都姓'竺'，如竺法兰、竺佛念、竺护，都是历史上有功于文化的人。今天我们所敬爱的天竺诗人在他所爱的震旦度过他 64 岁的生日，我用极诚恳、极喜悦的心情，将两个国名联起来，赠给他一个新名，叫'竺震旦'。"

这时，全场大鼓掌。

梁启超接着说："我希望我们对于他的热爱，跟着这名字一起永远嵌在他的心灵上，我希望印度人和中国人的旧爱，借'竺震旦'这个人复活起来！"

这番精彩的讲话中包含着丰富的历史文化知识、梁启超熟悉历史，不光熟悉古中国——震旦，也熟悉古印度——天竺，还懂得"泰戈尔"原文的含义，也就是他所具有的外语知识、佛教知识和历史知识都十分丰富。这些引人入胜的史实文典与为泰戈尔命名这一话题有机结合起来，妙趣横生，摇曳生姿，无怪乎引起"全场大鼓掌"这样轰动的表达效果。

俗话说"巧妇难为无米之炊"，没有话题，聊天就没有焦点。光是空说话，就没有实际意思。那么怎样巧找话题呢？为了防止在聊天中没话找话，东拉西扯，甚至出现前后矛盾等问题，那就要聊天者从具体情况出发去考虑，学会察言观色，以话试探，寻求共同点，抓住了共同点就抓住了可谈的话题。如果是因为话不投机，出现难题，那就要求同存异，或是检讨自己的不妥之处，表示歉意，如果对方有什么顾虑，或是沉默的原因不明，那就没话找话说，随便找个话题，引起对方的兴趣，说个笑话、谈点趣闻都可以活跃气氛。

从具体情况出发，可以选择采取下面的方法：

1. 你想了解什么就问什么、谈什么

与陌生人交谈，一般都可以先提一些"投石"式的问题，在略有了解后再有目的地交谈，便能谈得较为自如。如在商业宴会上，见到陌生的邻座，便可先"投石"询问："您是主人的老同学呢，还是老同事？"无论问话的前半句对，还是后半句对，都可循着对的一方面交谈下去；如果问得都不对，对方回答说是"老乡"，那也可谈下去。假如是北京老乡，你可和他谈天安门、故宫、长城，谈北京的新变化；如果是福建老乡，你可与他谈荔枝、龙眼、橘子，沿海的水产等，从而开始你与他的交谈，也许他将来就是你事业上的合作伙伴呢！

2. 就社会热点问题进行交谈

陌生的双方刚一接触，纯属个人生活的事情不宜多谈，但

可以对时下人所共知的社会现象、热点问题谈谈看法。如果对方对这一问题还不太清楚，你可以稍作介绍。例如，近期影响较大的社会新闻、电影、电视剧和报刊文章等，都可以作为交谈的内容。

3. 从眼前和身边的具体景物上找话题

（1）注意家庭状况。谈家庭生活并不一定就是俗气，家庭是社会的细胞，家庭生活的完美、和谐是每个人的理想。这类话题不必做准备，随时都可以谈论，但有思想的人都可以从中发现许多人生的哲理。

（2）观察其住所摆设装饰。如果是预约式地拜访某位陌生人，那你最好具备一些洞察力。你首先应当对即将拜访的客人做些了解，打听一下对方的情况，关于他的职业、兴趣、性格之类。当你走进其住所后，可以凭借你的观察力，看看能否找到一些了解对方性格的线索。如果墙上挂着的是摄影作品，即可揣测对方是否是摄影爱好者，等等。屋内的装饰摆设，可以表现主人的喜好和情调，甚至有些物品会引出某段动人的故事。如果你把它当作一个线索，不就可以了解主人心灵的某个侧面吗？了解了对方的一些个性，不就有话题了吗？交谈前，使用多种手段，尽可能地多了解对方，再把所获得的种种细微信息分析研究，由小见大，见微知著，作为交谈的基础。

（3）从双方的工作内容寻找。相同的职业容易引起共鸣，不同的职业更具有新奇感和吸引力。

（4）从双方的发展方向寻找。人都关心自己的未来，前途与命运是长盛不衰的话题。 人生若没有前进的方向，生活便失去了动力。 这类话题最易触动对方敏感的神经。

（5）从彼此的经历中寻找。 经历是学问，亲身经历过的人和事往往会给你留下极深的印象。 这种交流最易敞开心扉，最易见到真情。

（6）关注子女教育。 孩子是父母生活的希望之一，孩子的教育牵动亿万家长的心。 怜子、爱子、望子成龙是家长的共同心理。 谈及孩子，即使是性格内向的人，也会眉飞色舞、滔滔不绝。

归纳起来说，讲话务必看清对象，须从他的兴趣爱好、个性特点、文化水平、心情处境等入手。 陌生人之间只要做到这一点，就能由一个小点聊出海阔天空来。

◆ 话题可以信手拈来 ◆

李总这次去瑞士，要抽空去爬一下少女峰，美极了。

从聊天对象身上找话题

对方的职业、经历、爱好，都可以引出聊天话题。

姐姐说你文质彬彬、风度翩翩，果然名不虚传。

对方的性格、装束、形象都可引出话题

要有一双慧眼、一颗慧心，去发现对方之美。

这位可是我们收藏界的大玩家，他能从每件物品中发现价值。

从聊天对象的关注点找出对应话题

要善于丰富语言表达能力，把你的观点精确地表达出来。

找出和对方之间的
一个"具体挂钩"

　　人人皆对自己的经历和所做的事情怀着莫大的兴趣，人们最高兴的也莫过于对他人谈论这些事情。但过分地谈论这些，会使听者失去兴趣。比如，有的人做了一个十分有趣的梦，觉得是亲临其境，其乐无穷，结果逢人便说，令人不厌其烦。另外，有的人则喜欢喋喋不休地对人说一些自己以前的经历，如上中学时怎样，上大学时怎样，刚参加工作时怎样，后来又怎样，等等。但是我们若仔细想一想，自己有兴趣的事情，别人也像我们一样有兴趣吗？那些断续破碎、稀奇古怪的梦境，除了做梦者本人，别人听来是非常沉闷的。如果听者对说话者提到的那些往事、那些人、那些地方一点也不熟悉，一点也不觉得有趣，无疑他也不会与说话者产生共鸣。

　　凡此种种，不外乎证明人们对自己所经历的事情感兴趣，而对与自己毫无关系的事情觉得索然无味。所以，我们在与他人交谈时，应把握听者的这一心理。因为把握了对方的这一心理就能与对方在聊天的话题上挂上钩，让对方看到自己的反应。因为有了共同话题就能越聊越起劲。这个挂钩最好具体一点。

> 小何是一位铁杆球迷。有一次，在去广州的火车上，她的邻座是位东北口音很浓的小伙子，闲来无事，小何便和他侃起来。她得知他是辽宁人时故作惊讶，然后顺口赞美辽宁人的豪爽、够朋友，说她有好几位辽宁籍的朋友，人特爽快。小伙子自然高兴，自报家门，说他叫李庆，是大连人，并说辽宁人是很讲朋友义气的，粗犷、豪放。而小何话锋一转，说辽宁人也很团结，特别是大连足球队，虽然每位队员都不是非常出色，但他们团结一致，奋力拼搏，经常取得好的成绩。恰巧李庆是位球迷，两人直侃得天昏地暗，下车后互留了通信地址。在李庆的介绍下，小何认识了很多球迷，其中有一位就是她这次准备争取的客户。于是小何轻松地完成了这次推销任务，也为公司赢得了一个大客户，更值得高兴的是她结交了许多朋友。

在与李庆交谈时，小何先是从"辽宁人"这个话题入手，然后转到"足球"这个两人都感兴趣的话题上，这就找到了与李庆的"具体挂钩"，进而两人越谈越投缘。经过一番"神侃"之后，两人很快加深了了解，成为好朋友，这层关系对小何完成任务提供了很大帮助。

由此可见，所谓的"挂钩"就是你与交谈对方的共同点。而"具体挂钩"就是说你所找到的与对方的共同点越具体越好。我们都知道，会说话、能把话讲到点子上是一种本领，而如果在没话题、双方都尴尬的情况下，你能找到你们彼此之间的一个"具体挂钩"，就能打破僵局，活跃当时的气氛。

小于20岁，是一个很会说话的人，他平时最喜爱交一些志同道合的朋友。即使面对众多的陌生人，他也能毫不费吹灰之力和别人说到一块去。

有一次，他和跟他年龄相仿的一群陌生人在一起。由于大家谁也不认识谁，所以没有一个人先说话，场面很尴尬。这时，他先打破了凝固的气氛，说："听说周杰伦又出新专辑了。里面有一首歌曲叫《青花瓷》还不错！大家怎么看？"

这时，大家就七嘴八舌地议论开了，因为小于深知，在这一群人里面肯定有喜欢周杰伦的，但也有不喜欢他的，但大家都是相仿的年龄，肯定都很关注明星的娱乐动向……

这是为什么呢？原来他有秘密武器。小于总能根据不同的场合、不同的性格的人找到共同的话题。而他找到了一个比较热门的人物周杰伦，这是大家都很关注的话题人物。因为一说到周杰伦谁都能说上两句，谁要是说不上来就表示落伍了。所以大家都会对娱乐新闻这方面较为关注。

谈论别人感兴趣的话题能够很容易拉近人与人之间的距离。不仅可以使别人对你产生兴趣、钦佩你，而且也可以使自己更关心别人、站在别人的角度思考问题。要想多交朋

找出与对方之间的"具体挂钩"

和特定的人聊特定的话题

团队中共同关心的事情就是大家之间的"具体挂钩"。

说别人最感兴趣的话题

别人正关心的、正急需解决的问题，正是聊天的"具体挂钩"。

友，要想在交际上取得成功，自己就应该少说别人不感兴趣的话题。比如两个人刚见面时，不知道对方的性格、爱好、品性如何，往往会陷入难熬的沉默与尴尬之中。这时我们应当主动地在语言上与对方磨合，等找到了与对方的"具体挂钩"，就可以此作为共同话题，很快地拉近距离。

"物以类聚，人以群分"，每个人的社交圈，实际上都是以自己为圆心，以共同点（血缘、年龄、爱好、工作、知识层次等）为半径构成无数的同心圆。你与对方的"具体挂钩"越多，圆与圆之间交叉的面积就越大，共同语言也就越多，也越容易引起心理的共鸣，从而成为朋友或业务伙伴。在这里要提醒的是，若与对方有"具体挂钩"，就算再细微的也要强调。对于共同点一定要找出来，这样可以很快地消除彼此间的陌生感，产生亲近的感觉，拉近心理距离。

用"偏爱地图"
掌握万无一失的话题

谈论别人感兴趣的事物是一种深刻了解别人,并与人愉快相处的方式。 每个人都有自己与众不同的兴趣爱好,也就是自己偏爱的事情。 假如把不同人的不同兴趣用地图的形式表达出来,那就成为一张"偏爱地图"。 从寻找话题的大局和长远来看,我们每个人最好都能够拥有一张"偏爱地图"。 因为这张地图上有我们日常生活中接触到的人,以及他们各自的兴趣、生活重点、关心的事物等。 有了这张地图,在聊天时我们就能精准地找到"万无一失的话题",进而有效避免麻烦、冲突,顺利地建立好交情。

谈论他人最为愉悦的事情,可以说是与人沟通的诀窍。任何一个到过牡蛎湾拜访过罗斯福的人,都会对他广博的知识感到惊奇。 "无论是一个普通人、猎奇者、纽约政客,还是一位外交家,"勃莱特福写道,"罗斯福都知道同他谈些什么。"那么,罗斯福是怎样做到这一点的呢? 答案其实很简单。 无论什么时候,罗斯福每接见一位来访者,在这之前的一个晚上，他都会阅读这位客人特别感兴趣的东西，以便找到一些见面时对方感兴趣的话题进行谈论。

罗斯福与任何一个优秀的领袖一样，懂得与人沟通的诀窍：谈论他人最为愉悦的事情。人们都能对自己感兴趣的事如数家珍，在初次交谈中你如果能找准别人的爱好点，从别人感兴趣的话题入手，那么交谈的双方会谈得非常尽兴。专挑别人爱听的事说，对于初次交谈的人来说是大有好处的。

下面让我们再看看另一个例子：

纽约一家面包公司——杜佛诺公司的老板杜佛诺想方设法将公司的面包卖给纽约的一家旅馆。4 年来，他每个星期都会对这家旅馆的经理进行一次拜访，参加这位经理所举行的交际活动，甚至在这家旅馆中开了房间住在那里，以期做成买卖。但到最后，他还是没有获得成功。

杜佛诺说："后来，在研究人际关系之后，我决定改变自己的做法。我先要找出什么事情能引起他的热情，这个人最感兴趣的是什么。

"后来我知道，他是美国旅馆招待员协会的会员，而且他也热心于成为该会的会长，甚至还想成为国际招待员协会的会长。不论在什么地方举行大会，他飞过山岭，越过沙漠、大海也要到会。

"所以，在第二天与他见面的时候，我就开始谈论关于招待员协会的事。我得到的是一种多么好的反应！他对我讲了半小时关于招待员协会的事，他的声调里充满着热情。我可以清楚地看出，这确实是他很感兴趣的业余爱好。在我离开他的办公室以前，他劝我也加入该会。

"这次谈话，我根本没有提到任何有关面包的事情。但几天以后，他旅馆中的一位负责人给我来电，要我带着货样及价目单去。

"这位负责人招呼我说：我不知道你对老板做了些什么事，但他真的被你搔着痒处了！"

杜佛诺说："试想一想，我紧追了这人 4 年，尽力想得到他的买卖。如果我不动脑筋去想、去找他所感兴趣的东西，恐怕现在我还是在紧追不舍。"由此可见，为了让交谈在有滋有味中进行下去，就要掌握对方的"偏爱地图"，也就是掌握对方的兴趣。掌握了对方的兴趣就能够在谈话中找到与对方的共同话题。只有对话双方有了共同话题，才能够沟通得深入、愉快。其实要掌握对方的"偏爱地图"并不难，只要留意，你就能发现彼此对某一问题有相同的观点，在某一方面有共同的爱好和兴趣，有某一类大家都关心的事情。

王某新买了一台洗衣机，因质量问题连续几次拉到维修站修理都没有修好。后来，他找到经理诉说苦衷。

经理立即把正在看武侠小说的年轻修理工小张叫来，询问有关情况，并提出批评，责令其速同客户回去重修。一路上，小张铁青着脸不说一句话。王某灵机一动，问道："你看的《江湖女侠》是第几集？"对方答道："第二集，快看完了，可惜找不到第三集。"王某说："包在我身上。我家还有不少武侠小说，等一会你尽管借去看。"

紧接着，双方围绕武侠小说你一言我一语，谈得津津有味，开始时的紧张气氛消除了。后来，不但洗衣机修好了，两个人还成了朋友。

　　每个人都有自己偏爱的话题，当与他人聊起自己偏爱的话题的时候，自己的注意力就会高度集中在上面，情绪也很容易被调动起来。也就是说聊对方偏爱的、感兴趣的话题能最大限度地调动对方沟通的积极性。因此在与他人交流沟通的时候，最好选择对方偏爱、感兴趣的话题。了解别人的兴趣所在，而且同别人去沟通他最感兴趣的话题是一种深刻了解对方、并与对方愉快相处的方法，它不同于虚伪的恭维。要想做到这点并不难，在刚开始的时候我们可以慢慢转入，说一些迎合对方的话，这样很快就能摸清楚对方的兴趣。比如说到什么样的城市去旅游，他说自己喜欢到什么样的城市，你就可以和他对这个城市进行讨论，因为那是他最感兴趣的话题。当你跟他交谈类似话题的时候，他感受到了你对他的关切，自然而然地就会喜欢你。

　　不论怎样，掌握了他人的"偏爱地图"就等于掌握了与他人聊天的话题。在运用"偏爱地图"的过程中，我们不仅要学会纵向地使用它——找到他人的"偏爱"，也要懂得横向使用"偏爱地图"——将他人的"偏爱"综合起来使用。这样，我们聊天时才会游刃有余，他人也会更愿意与我们聊天和交往。

升级沟通力，
不要踏入聊天误区

随声附和
最没特点

随声附和在多数情况下可以被看作是一种善意的成全，是你为了顾及到对方的面子。 但有时候的确表示自己没有任何看法，从而显示出你没有独立的思想。 在很多情况下，随声附和是一种没有独立思想的表达方式。

从不盲从的爱默生说："要想成为真正的'人'，必须是一个不盲从的人。 你心灵的完整性是不容许被侵犯的……当你放弃自己的立场，而用别人的观点去看问题的时候，错误便产生了。"这段精彩的话，对那些试图通过遵从别人的观点而赢得人际交往成功的人而言，无疑是一个很大的否定。

一些涉世未深的人常常会害怕自己与众不同，因此，他们从穿着、行为、语言，甚至是思维方式上模仿别人，以便能够得到对方的认同。 她们经常会说"别的女孩像我这么大，都已经开始谈恋爱了""玛丽的爸爸并不反对她涂口红"等等。

当我们处于一种陌生的环境，没有过往的经验作为自己参考的时候，最好的办法莫过于借鉴他人的观点，只有当自己的

◆ 升级沟通力，不要踏入聊天误区 ◆

随声附和最没特点

随声附和在很多时候是一种善意的成全，但会让人以为你没有独立思想。

别板着面孔说话

微笑是体现你真诚的最好的面部表情，可以缩短你与别人之间的心理距离。

喋喋不休不等于会聊天

你可以说上一天一夜，但并不说明你说得对、聊天能力强。

经验和知识足以指明方向的时候，才开始进行转变。 我们应该相信，无论如何，时间和努力能够形成这样一种经验和能力，使自己拥有个人的判断能力。 那时候，当你需要对他人的意见做出判断的时候，你就可以发表属于自己的观点。 这将成为一件自然而然的事情。

很多时候，我们思考和判断的结果可能确实跟很多人一样，比如，我们会发现诚实是最好的行动指南。 这不是因为人们这么说了，而是我们根据自己的观察、思考和判断得出了这个结论。 比如，我们的确认为犯罪是不应该的和理应受到惩罚的。 这自然不能算作盲从和因袭，正好相反，这才是真正的独立人格和独立意识。 幸运的是，正是因为我们大多数人都会相信诸如诚实这样的原则是很重要的和正确的，犯罪应该受到惩罚，我们的社会才不至于失去美和正义。 否则，我们的社会就要陷入一片混乱了。

我们有时候随声附和他人的观点，可能并不是因为自己没有独立的思想，而是出于某种考虑。比如，我们都知道，反对别人的意见是一件不那么容易或者至少会给我们带来不愉快的事情，因此也就不那么急于反驳别人了。一般的人，容易摇摆在各种意见之间，因为我们可能这么认为：既然有那么多人同意，那么它想必是对的，而我所想的可能是错的。我们的想法可能就在这样的摇摆之间动摇、改变以至于放弃。我们对自己的判断失去信心导致了这一点。但是，那些能够说出自己不同意见的人却能坚持自己的观点。在一次聚会上，在场的人都赞成某一个观点，除了一位男士。他毫无顾忌地表示自己对此表示反对。后来有人非常尖锐地问他的观点是什么，他微笑着说："我本来不打算发表自己的意见，因为这是一个愉快的社交聚会。本来我希望你们不要问我。但是，既然如此，我还是把自己的观点表达出来吧！"于是他说了自己的看法，并且对之前的那个意见进行了批驳。可以想象，他立即遭到了许多人的诘难。但是，他却始终面带微笑，坚定不移地固守着自己的观点，毫不让步。虽然最后彼此都没有说服对方，但是他却赢得了大家的尊重，因为他有着自己独立的判断。

在这方面，爱默生所采取的立场值得我们敬重。他认为，每个人对自己和社会都有一种责任，那就是好好地利用自己所具备的能力，以增进全人类的福祉。他在世的时候，那些反对奴隶制度的人都希望得到他的支持。虽然他也同情他们，希望他们的运动能够获得成功，但是他知道自己不是适合做这种事情的人——而众所周知的是，一个人只有做最适合自己的事情，才可能发挥最大的作用——所以，他拒绝了做这件事情，而选择了做其他的有利于人类福祉的工作。 为此，他曾经遭到巨大的误解，但是他却毫不动摇。

　　坚持不迁就他人的原则，或者坚持一种不被大多数人支持的观点，都不是一件容易的事情。 但坚持自己的主见，会使你赢得别人的尊重。 所以在聊天中，我们坚持自己的观点。

别板着面孔
说话

虽然有些人在谈话的时候滔滔不绝，但是你很难看到他露出什么表情，好像他把自己的感受都隐藏了起来似的。看到这样说话的人，就好像看到一台喋喋不休的机器一样，让人感觉冷冰冰的。

我们在与别人谈话的时候，无论对方持什么意见，我们都不能板着面孔。这会让你看起来好像不尊重对方一样，因此就会招致对方的反感，你们的谈话效果一定不会很好。

与我们交往的无非就是两种人：一种是熟悉的人，另一种是陌生人。如果对方是熟悉你的人，那么，就算你板着脸说话，他可能也不会怪你——但是你也不能老是这样。可能你是这么想的：我已经对着那些陌生的人客气、微笑一整天了，而对熟悉的人则没有必要。其实，任何人都期望有一种被尊重的感觉。你板着面孔说话，那很大程度上代表你对谈话没有激情，别人会把它转移到自己身上，认为你是对跟你谈话的人没有激情。这样，会发生什么结果就显而易见了。

无疑，缩短人与人之间的距离、体现你的真诚的最好的面部表情就是微笑了。 纽约一家大百货公司的经理说，他宁愿雇一个有着可爱的微笑、小学未毕业的女职员，也不愿雇一个冷冰冰的哲学博士。 他的意思是：对顾客而言，最重要的不是你究竟有多少学问，而是你对对方有多尊重。

脸是人体最具有表达力的部分。 一个人的表情，往往比穿着还重要，你心里所想的东西基本上都能在不经意间通过它表达出来。 你在看杂志的时候，可以注意一下在做某件事情的人，试着把他们的其他部分遮住，只剩下一张脸。 你会发现，尽管你不能辨别他在做什么，但是你能够知道他现在的心情是怎样的。

你可以做一些实验。 当你在和别人交谈的时候，试着用不同的表情：当你在与别人寒暄的时候，微笑着盯着他；当你在和好友说话的时候，茫然地望着他；面无表情地讲一个故事，或者兴高采烈地讲这个故事；笑容满面地告诉他一个消息，然后试着用严肃的表情告诉他这个消息。 对比之后，你会发现当你运用不同的表情的时候，对方会有不同的反应。

表情的改变很难吗？ 不，一点都不难。 当你讲话的时候，如果有人告诉你："你看起来很不开心。"这个时候你就需要改变一下你自己的面部表情了，因为面部表情反映的常常是一个人的心态。 你也许把讲话当成了一件你迫不得已才去做的事情，它在你眼里或许是一项枯燥无味的作业、家务杂事等。 你首先需要改变这种心态，因为说话本身并没有那么无趣，它是你和对方就某种共同关心的东西进行的一次交流。

你也可以通过一面镜子进行练习。 当你讲话的时候，你的表情会在镜子里展现出来，让你清楚地看到你是怎么样在进行演讲的。 当然，你也可以通过他人的评价或反应来使你的表情更加丰富。

你的确需要丰富的表情来表达你的真诚、兴奋、热情，从而使你的话语更加生动、热情和富有吸引力，让听众更加容易接受。 林肯在演讲的时候，一会儿看起来非常愉快，一会儿看起来却好像十分悲伤——当然，这些表情跟主题都有很大关系——而听众也随着这样的表情变化而变化，被这种表情所感染。

你可以记住哈勃德的一些明智的建议，然后，把它付诸行动：

"每次外出的时候，正正容，抬起头，肺气饱满；在阳光之中深呼吸；对朋友微笑；每次握手的时候，集中精神。 不要怕被误会，不要浪费哪怕一分钟去想你的仇敌。 要在你的心里确定你究竟喜欢什么，然后，不要改变方向，一直朝目的地行进，全神贯注于你喜欢做的伟大的事情上。 在以后，尽管日月如流水，你还是会发现你在不知不觉中抓紧了满足你的欲望所必需的机会，就好像珊瑚虫由潮流中所需要的原质一样。 在脑海中成为一个有能力、诚恳、有用的人，你所保持的思想，时刻都在改变着你，使你成为那种人——因为思想是至高无上的。 保持一个正确的心态，那就是勇敢、诚实、欢悦的态度。 思想就是创造，所有的事情都是由欲望产生的。凡是真的祈求，都会应验。 你心中关注的是什么，你就会成为什么。 收敛你的容颜，抬高你的头，我们就是明天的神。"

喋喋不休
不等于会聊天

如果你的口才好，可以使人家喜欢你，可以结交好的朋友，可以开辟前程，使你获得满意的结果。假如你是一个律师，你的口才便会吸引一切准备诉讼的当事人；而如果你是一位店长，那么你的口才将帮助你吸引更多的顾客。有太多的人因为善于辞令而得到提拔，也有许多人因此而获得了荣誉和厚利。你一生的成败，有一大半是由于说话这种艺术的影响。

你或许承认这一点，但是你却并不一定知道什么才是好的口才。好的口才意味着能够对着墙壁一个人说上三个小时吗？意味着可以无视已经昏昏欲睡的听众，发表冗长的演讲吗？意味着可以就某一件小小的事情，比如系鞋带，翻来覆去地说上半个钟头吗？

你的这些错觉来源于现实。许多人就是能够做到这些的人，他们就可以不管对方的反应如何，不管话题多么无趣，而能够滔滔不绝、侃侃而谈。但是我们不得不遗憾地说，他们所掌握的并不是真正的好口才。 他们所谓的口才大概相当于家庭主妇吃完晚饭后的闲聊，她们甚至可以扯上一天一夜，但是我们都知道，这并不是好的口才。

那么，究竟什么才是好的口才呢？ 如果非要给一个概念的话，可以认为是这样的：好的口才，就是在聊天、演讲或谈判等口语交际活动中，说话者能够根据一定的目的，根据具体的环境和对象，采取不同的说话艺术，准确、生动地表达自己的意思，并且达到交际目的的一种能力。

那么，我们可以回过头来评判为什么说喋喋不休不能称为好的口才了。 喋喋不休实际是一种一直重复自己意思的说话，但是却并没有说清楚这个问题；或者他一开始已经说清楚了，只是为了强调，又一遍一遍地重复。 而且，说话人根本不顾及对方有何反应，似乎他是对着墙壁在自言自语。 这完全是一种下意识的行为。 他的目的只在于"说话"本身，即维持说话这个动作。 而口才好是因为有一个说话的目的，而不是为了说话而说话。

有一位公司的助理，工作的时候，她走进上司的办公室说：

"去年那次派对，我们的蜡烛没有用完，所以我把它们都带了回来，留在这里用。其实，这些蜡烛用了这么久，还是没有用完。因为剩了不少，我送了一半给市场营销部的安狄和流通部的耐洁尔。我是说这些剩下的蜡烛只用了一半而已，当然，也可能用了一半都不到。确实，我们今年用来配置到聚会上的预算不够，我是说，我本想让参加聚会的人带点水果回家的，可是因为预算不足，所以只好先不这样。我们的预算只够买些冰茶和饮用水。所以，我决定这次聚会上用上次派对没有用完的蜡烛，这样就可以省一些预算开支。你认为这样行吗？"

她的上司怎么可能听她这番长篇大论？ 我想，大多数人都做不到，他们只会对她的长谈充耳不闻。 你应该留下那些重要的信息，去掉那些无关紧要的细枝末节。 上面助理的话只说最后两句，就完全可以表达她的意思了。

当你在向别人推销商品的时候——考验你的口才的时候就到了——你以为一个人喋喋不休就能解决问题吗？

专门从事将新设计的草图卖给服装设计师和生产商

工作的维森先生，最近遇到了一个麻烦。他想要推销商品的对象似乎是一个软硬不吃的服装设计师，名字叫作华尔。他之前从没有遇到过这么难缠的对象，但是，为了证明自己的实力，而且这笔业务确实能够带来不菲的收入，维森先生决定不达目的决不善罢甘休。他一次又一次地出现在那位服装设计师面前，向他谈及这份草图的设计是多么的出色，而且款式新颖、典雅大方。他希望用自己的诚心来证明这份草图的设计确实是出色的，但是，收效甚微。一天，当他再次出现在华尔面前的时候，华尔终于忍不住说：

"亲爱的维森，我还是不能赞同你的观点，所以，我仍然决定不买你的草图。还有，恕我直言，我觉得你这种喋喋不休的推销方式实在是很失败，而且我一直以来就很反感。"

怎么办？放弃吗？维森告诉自己，不能放弃。但是，打击未免太大了一些。因为他一直以来就是这么推销的，而且以前从未体验过这么大的失败——算起来他已经来过150次了。于是，他决定改变一下他的策略。

第二天，他夹着几张还没设计完的草图，对华尔说：

"华尔，我想请您帮个忙。我这里有几张草图，您能不能修改一下，以使它们符合要求？"

华尔狐疑地看了维森一眼，说："你放在这里吧，有时间我会看的。"

三天后，华尔打电话叫维森过去，他已经完成了修改。结果可以预料，通过这个方法，维森已经成功地使华尔购买了这些草图，因为这些东西里有华尔自己的心血。

并不是说维森的方法有多么高超——尽管事实如此——只是说，他以前推销的方法是错误的。 我们从维森身上学到的经验是：喋喋不休确实不是好的方法。

无谓的争论
只会大伤和气

　　有一次，卡耐基在某个电台作了演讲，其中讲到《小妇人》的作者路易莎·梅·奥尔科特曾经到新罕布什州的康科特去参观过她的故居。卡耐基的粗枝大叶使他犯了一个错误。

　　这种错误使他受到了无数的攻击和诘难。听众们发过来无数的邮件，这些信函的内容多半是责怪卡耐基的，有的甚至是侮辱他的。其中让卡耐基印象最深刻的是一封名叫卡罗尼亚·达姆的听众的来信，她从小就生长在马萨诸塞州的康科特。她来信向卡耐基表达了她极为愤怒的心情。卡耐基认为，即使他在地理上确实犯了一个很大的错误，但是她在礼貌问题上也犯了一个更大的错误。

　　卡耐基决定试着把她的仇视当成友善。他乐意这么做。后来，卡耐基找时间给那位老太太打了一个电话，通话内容如下：

◆ 无谓的争论只会伤和气 ◆

咱们公司也实行阿米巴式经营管理，来调动每个人的积极性。

这么大的调整，会不会影响了咱们公司的上市进程？

达成共识才有利于公司发展

企业经营忌讳领导之间争论不休，使企业不稳定。

这套文稿明天下午编排完。

我手头还有这么多活，真干不出来呀。

协商是最好的解决办法

多站在对方角度考虑问题，避免陷入争论误区。

讲了半天，太啰嗦。

避免争论就保持理性

让理性主宰大脑，说任何话前，先思考再出口。

卡耐基：夫人，你在几个星期之前给我写了一封信，我要感谢你。

达姆：请问你是谁？我很荣幸和你说话。（她用的是清晰、文雅和有教养的声音。）

卡耐基：对你来说，我是一个陌生人。我是戴尔·卡耐基。几个星期以前，你听了我有关奥尔科特的演讲。那次演讲使我自己深为懊悔，因为我犯了一个很大的错误：我说奥尔科特生长在新罕布什州的康科特。那实在是一个很不应该犯的错误，我为此向你道歉。你花时间给我写信，我很感谢你。

达姆：很抱歉，卡耐基先生。我写那封信，发了很大的火，我得向你道歉。

卡耐基：哦，不，不！不是你，而应该是我向你道歉。任何上了学的人都不会犯我这样的错误。实际上，我已经在发表演讲的第二个星期日的广播里向听众道了歉。现在，我向你个人道歉。

达姆：我出生在马萨诸塞州的康科特。两个世纪以前直到现在，我的家庭在那里都很有声望，我因我的家乡而自豪。奥尔科特女士生在新罕布什州，这个说法让我难过极了。不过，我得为那封信向你道歉。

卡耐基：我敢说，我比你还要难过十倍。我的错误即使对马萨诸塞州没有任何损害，也深深地伤害了我自己。像你这样有地位、有教养的人，难得花工夫给无线电台的人写信。如果你以后发现我演讲中还有错误，我将非常感谢你给我指正。

达姆：你知道吗？我真的很高兴你接受我的批评。你一定是个很好的人，我很愿意和你交朋友。

就这样，卡耐基不但轻易地避免了争论，还使她向他道了歉，并且同意了他的观点。

有的人为了一件小事的对错而争论不休、面红耳赤，严重的甚至发展到打起架来。无谓的争论没有给双方带来好处，他们只是为了自己的自尊而争辩，互不服气，但是他们达到了自己的目的了吗？即使是表面上达到了维护自尊的目的，但他们难道一定要靠这种方式来赢得自尊吗？

事实上，这样的争论无益于任何事情。我们在前面已经讲过，大部分人都不会因为争论而改变自己的意见。如果你想要别人认同你的意见，首先要做的事情就是避免和他人争论。因为争论实际上是不成熟的表现，为了自尊，每个人都会变得不可理喻，甚至抛弃他平时的所有习惯和看法。

拿破仑的管家常常与拿破仑的妻子约瑟芬打台球。这位管家后来回忆道："我虽然在技术上胜过她，但是为了使她高兴，我必须想办法让她取胜。"从这个故事中，我们可以寻找到一个基本的道理，那就是：为了使别人同意你的观点，或至少不因为争吵而使你和他人的关系破裂，最基本的要求是不要跟他人争辩。我们要使我们的顾客、妻子、朋友在细小的讨论上看起来胜过我们。

那么，当我们确实有不同意见的时候，我们该怎么处理呢？在卡耐基训练班上，他绝对不会只是一个人讲。这样不但显得漫长，而且学员们也得不到提高。但是，当他们被卡耐基叫起来回答问题以后，如果卡耐基说："你错了。"这样多半会引起一番争论，而且他以后再也不会得到别人的参与。所以，卡耐基决定不这么做。他开始设想他们的回答中有合理的成分，于是试着去寻找这样的合理的东西。事实是，他们的回答确实有合理的地方。于是，当他们发表意见之后，卡耐基会对他们说：

"我了解你这么做一定是有原因的，但是我同样发现这样做有一些不合理的地方。让我们一起来看一看吧！"

这就是一种委婉的表达方法。一方面，这样做的话，既可以避免无谓争论的发生，又可以表达出自己不同的意见。另一方面，由于人们有时候仅仅是为了顾及自尊而和别人争论，所以他们并不打算遵照自己的理性来思考问题，即使是一个明明知道自己错了的问题，他也可能会与别人争论不休。这种情况并不少见。也许你认为并非如此，至少这种事情没有发生在你的身上，但是这是因为你在看这本书的时候是心平气和的，而并非处于一种非理智的状态。因此，可以说，为了避免争论，我们最需要做的事情就是维持自己的理性。

永远不踏入聊天的误区，把握住聊天对象的心理，运用高情商去开启聊天的话题，升级自己的沟通能力。

马云说："普通人用嘴巴说话，聪明的人用脑袋说话，智者用心说话。"让我们用心说话，成为像马云一样有趣的人。